Guy RE

GUIDE
DES VINS
DE BORDEAUX

SOLAR
© Solar, 1982

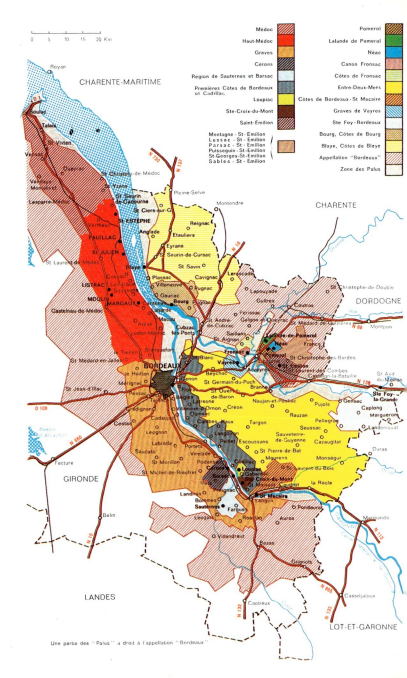

INTRODUCTION

Ce guide des vins de Bordeaux, avec un petit aperçu historique qui remonte à *Burdigala,* vous promène dans le labyrinthe des classements, après avoir découvert toutes les zones d'appellations du Bordelais. Il décrit l'encépagement des grands crus, la façon dont ils sont vinifiés, la commercialisation, très particulière en Bordelais, donne quelques conseils pour bien acheter, en insistant sur les vins spéculatifs et les vins introuvables, cote les derniers millésimes. Outre ces précieux renseignements, il indique une liste de bons fournisseurs ainsi que quelques cavistes qui connaissent encore leur métier. Le service du vin, l'association des mets et des vins, les confréries vineuses en Bordelais, autant de sujets qui vous seront dorénavant plus familiers.

UN PEU D'HISTOIRE

Il semble qu'une partie des vignobles bordelais, notamment la région des Graves et Saint-Émilion, ait été plantée par les légions romaines lorsqu'elles occupèrent la Gironde, un demi-siècle avant J.-C. Pline l'Ancien parle d'ailleurs des vins de *Burdigala* (c'est ainsi que Bordeaux s'appelait à l'époque), et, dans le début du IVe siècle, le poète Ausone fait l'éloge des vins de Saint-Émilion.

En 1152, Henri Plantagenêt, duc de Normandie et comte d'Anjou, épouse Aliénor d'Aquitaine. En 1154, il devient roi d'Angleterre, apportant ainsi à la Grande-Bretagne le duché d'Aquitaine, qui restera anglais jusqu'en 1453, date d'entrée des troupes de Charles VII à Bordeaux, concrétisant le rattachement du duché de Guyenne au domaine royal.

Carte reproduite avec l'almable autorisation des CARTES LARMAT.
Revue du Vin de France - Paris.

Comme c'est le cas pour tous les autres vignobles français, le Bordelais est aussi lié à l'histoire des ecclésiastiques, qui firent beaucoup pour sa prospérité. Si, durant le Moyen Age, Bordeaux fut considéré comme la capitale viticole du monde civilisé, ses vins n'avaient pas encore tous acquis leurs lettres de noblesse. A l'époque, on n'attachait d'ailleurs pas une grande importance au terroir et on était encore très loin de la notion de cru.

S'il est bien connu que les vins de Châteauneuf-du-Pape ont longtemps servi d'améliorateur au Bourgogne, il est aussi incontestable que les vins rouges de Gaillac (assez cotés à l'époque) et le vin noir de Cahors ont longtemps été utilisés pour améliorer des cuvées bordelaises déficientes ! Les Bordelais manifestèrent une espèce de reconnaissance aux vignerons de Gaillac, en leur accordant quelques dérogations aux privilèges qui empêchaient les *Cahors* et les *Bergerac* de concurrencer les vins de Bordeaux.

En 1647, les jurats de Bordeaux, fixant le prix des vins de la sénéchaussée, plaçaient en tête, pour les vins rouges, les vins de palus avant les *Graves* et les *Médoc*, ce qui était tout simplement aberrant !

En 1855, à la demande de Napoléon III, les courtiers de Bordeaux se réunissent et établissent — en tenant compte de la valeur des terroirs et des prix pratiqués — un classement des vins du Médoc (comprenant tout de même un *Graves : Haut-Brion),* en oubliant totalement ceux qui étaient, comme on avait coutume de le dire à l'époque, du mauvais côté de la rivière, c'est-à-dire les Saint-Émilion et Pomerol.

Après d'interminables querelles de clocher et beaucoup de litiges, on fixa en 1911 les limites de la région viticole de Bordeaux en décidant qu'elles coïncideraient avec celles du département de la Gironde.

Le 11 septembre 1936, les premières appellations contrôlées font leur apparition. Assez curieusement, le Haut-Médoc, Pomerol et Saint-Émilion ne sont pas de cette première fournée.

SITUATION GEOGRAPHIQUE

Le département de la Gironde fut institué en 1790 par la réunion d'un certain nombre de pays ou de portions de pays, appartenant pour la plupart à l'ancienne Guyenne. Ces pays étaient :
— le Bordelais .... 750 000 ha ;
— le Périgord qui a donné .... 40 000 ha ;
— le Bazadais .... 200 000 ha ;
— l'Agenais en partie .... 10 000 ha.

Du point de vue de sa superficie totale, la Gironde est le plus grand département français avec, actuellement, 1 000 484 ha. Elle est limitée, au nord, par le département de la Charente-Maritime, à l'est, par ceux de la Charente, de la Dordogne et du Lot-et-Garonne, au sud, par les Landes, et à l'ouest par l'océan Atlantique.

Sa plus grande longueur, depuis la pointe de Grave à l'embouchure de la Gironde au nord-ouest jusqu'à sa limite avec le Lot-et-Garonne au point d'entrée de la Garonne, est de 166 km. Sa plus grande largeur, depuis l'entrée de la Dordogne aux environs de Sainte-Foy-la-Grande jusqu'à l'océan, est de 120 km. Le département de la Gironde est arrosé par la Garonne, l'estuaire de la Gironde, la Dordogne et de nombreux cours d'eau.

Le vignoble girondin compte sept sortes de sols :

— les terres de palus et d'alluvions modernes : les meilleures se trouvent situées dans les cantons de Castelnau, Blanquefort, Créon, Bourg et Blaye. Les vins qu'on y récolte ont de la couleur, de la vinosité, mais manquent souvent de finesse ;

— les terres fortes : ce sont celles où dominent les argiles. Souvent ferrugineuses, elles conviennent très bien à la vigne ;

— les terres marneuses calcaires : elles sont très répandues en Gironde et conviennent bien à la vigne lorsque le sable, l'argile et la grave entrent suffisamment dans leur composition. Les vignobles de Saint-Émilion et Fronsac sont souvent établis sur de tels sols ;

— les terres graveleuses : elles sont les plus propres à la culture de la vigne, car elles favorisent la qualité de ses produits. Les meilleurs crus du Médoc et des Graves sont en grande partie sur des terrains de cette nature ;

— les terres siliceuses : elles couvrent à peu près la moitié du département. Bien amendées, elles conviennent à la vigne mais sont assez peu productives ;

— les terres bâtardes : elles présentent un état intermédiaire entre les terres fortes et siliceuses ; selon leur situation, la fertilité y est plus ou moins grande ;

— les boulbènes : éléments siliceux excessivement fins, ils couvrent une partie des plateaux de l'Entre-Deux-Mers. Ces terres sont très difficiles à travailler et asphyxiantes, même pour la vigne.

Une des grandes caractéristiques du vignoble girondin est la diversité dans l'homogénéité : diversité parce que nous trouvons aussi bien des vins ayant acquis des notoriétés largement différentes depuis ceux de l'appellation générique *Bordeaux* jusqu'aux grands crus les plus célèbres. Homogénéité : parce que ces vins ont tous un air de famille, le caractère *Bordeaux*.

Cette variété dans la qualité entraîne une variation des buts des viticulteurs. Les uns doivent chercher leurs profits dans une production relativement abondante de vins de bonne qualité, les autres dans une production de grande qualité devant en principe... entraîner une diminution notable de la quantité susceptible d'être obtenue.

Comme pour beaucoup d'autres régions d'A.O.C. (Appellations d'origine contrôlée), le problème de la fertilisation de la vigne n'a pas encore reçu en Gironde une solution définitive. Là aussi, on a tendance à forcer sur les engrais en augmentant la production au détriment de la qualité.

La Gironde est située dans une zone climatique on ne peut plus favorable. Les grandes masses d'eau assurent une plus grande régularité de la température et adoucissent le climat. Ce qui semble confirmé par le fait qu'au voisinage immédiat de l'estuaire de la Gironde, et surtout dans les îles dont il est parsemé, les gelées de printemps sont à peu près inconnues. L'atmosphère est pourvue de vapeurs d'eau, qui pendant les fortes chaleurs de l'été empêchent, ou tout au moins atténuent, le durcissement de la pellicule des grains, en favorisant leur bonne maturation.

Autre facteur positif : les forêts de pins. Si leur action, en ce qui concerne les gelées (pour les vignobles proches : Soussan, Moulis, etc.), reste entière, elles ont en revanche le grand avantage de constituer un véritable écran protecteur vis-à-vis des vents venant de l'ouest et des tempêtes de l'océan. En effet, considérés dans leur ensemble, les vignobles de la rive gauche de la Garonne et de la Gironde, les plus exposés aux vents du large, sont abrités par des forêts de pins épaisses, depuis les rives du Ciron jusqu'à Lesparre.

Le paysage bordelais — hormis la très jolie ville de Saint-Émilion — n'offre pas de points de vue aussi spectaculaires que certains vignobles français comme la Côte-Rôtie, les monts du Beaujolais, la côte de Beaune, les adorables vignobles de Provence tels Bandol et Cassis, les collines vosgiennes, Château-Chalon ou Sancerre.

En Bordelais, l'altitude du vignoble est de 138 m au maximum pour les vins du Haut-Bénauge, alors qu'elle n'est que de 50 m dans le Haut-Médoc, 63 dans les Graves et le Sauternais et 100 de Libourne à Saint-Émilion. Les niveaux les plus hauts du Médoc sont constitués de croupes graveleuses.

Nulle autre région viticole de France ne compte autant de châteaux au mètre carré, certains étant d'une très grande beauté. Les Bourguignons ont coutume de dire que dans le Bordelais la plus petite bicoque est baptisée château ; c'est souvent vrai, je le leur concède, car sur les 5 400 châteaux répertoriés, environ 2 000 peuvent se prévaloir de ce titre de gloire, ce qui n'est déjà pas si mal en soi.

Contrairement à la majorité des autres régions viticoles, qui sont extrêmement morcelées, le Bordelais — hormis Saint-Émilion et Pomerol — reste le territoire des très grandes exploitations. Certains premiers crus classés ont des superficies de plus de 200 ha dont près de 45 pour cent sont consacrés au vignoble.

En 1980, le département de la Gironde comptait 96 458 ha de vignes en production, dont 76 271 en appellations d'origine contrôlée et 20 187 en vins de consommation courante, répartis sur 472 communes viticoles.

Les vins d'origine contrôlée produits en 1980 dans ce département ont été de 2 052 076 hl pour les vins rouges et de 866 607 hl pour les vins blancs.

Entre les vignobles du Médoc et l'océan Atlantique, la région très attrayante, avec ses profondes forêts, où l'on peut errer des heures sans rencontrer âme qui vive, et ses immenses lacs, attire beaucoup de vacanciers.

Il faut encore dire qu'à l'encontre des autres régions viticoles, les panneaux indiquant « vente directe à la propriété » ne fleurissent guère !

L'auteur interrogeant M. Meslier, directeur du Château d'Yquem

Grappes de Sémillon atteintes de pourriture noble

LES PERIPLES DU BORDELAIS

Sur la rive gauche de l'estuaire de la Gironde, se trouve la vaste presqu'île du Médoc, qui commence au nord à Soulac-sur-Mer pour prendre fin au sud à la Jalle de Blanquefort, s'étirant ainsi sur un peu plus de 80 km, avec une largeur de 10 km. On a l'habitude de diviser le Médoc en deux parties :

MÉDOC

13 communes viticoles composent cette appellation, où l'on produit des vins rouges agréables, qui ont toutefois moins de potentialité aromatique et de corps que les vins du Haut-Médoc. Les meilleures semblent être Ordonnac et Potensac, Blaignan, Valeyrac et surtout Bégadan.

De nombreux rapatriés d'Afrique du Nord sont devenus propriétaires dans ce secteur. Ils ont, bien sûr, avec le courage et le dynamisme qu'on leur connaît, donné un élan de qualité aux vins de cette zone. Le seul reproche qu'on puisse leur faire est qu'ils ont à peu près tous le même œnologue conseil, ce qui entraîne la standardisation de certains vins. Les meilleurs Châteaux du Médoc sont : *Château La Tour-de-By, Château Potensac, Château Patache-d'Aux* et *Château La Tour-Haut-Caussan.*

HAUT-MÉDOC

Les premières croupes du Haut-Médoc commencent au nord à la commune de Saint-Seurin-de-Cadourne qui a le privilège de compter l'un des crus bourgeois les mieux vinifiés : *Château Sociando-Mallet.*

Le Haut-Médoc comprend 25 communes dont 10 bénéficient d'une appellation communale. En allant vers le sud, ce sont, respectivement :

SAINT-ESTÈPHE

Sur une superficie d'environ 1 200 ha, on produit des vins manquant quelquefois un peu de finesse dans leur jeunesse, mais qui ont la particularité de bien vieillir. Cette commune compte plusieurs crus classés, dont le meilleur semble être *Château Montrose,* toujours admirablement vinifié. Le *Château Cos-d'Estournel* doit aussi être mentionné, bien qu'il ne soit pas régulier. A noter également un remarquable cru bourgeois : le *Château de Pez,* dont le propriétaire est un perfectionniste.

PAUILLAC

Superficie d'environ 1 000 ha. Lors du classement de 1855, cette commune a eu l'insigne honneur de compter deux premiers crus (trois aujourd'hui. avec *Château Mouton-Rothschild),* trois seconds crus, un quatrième cru et douze cinquièmes crus ; ce qui démontre la valeur exceptionnelle de ce majestueux terroir. Outre les premiers, je pense que les *Châteaux Grand-Puy-Lacoste, Haut-Batailley* et *Lynch-Bages* valent mieux que le classement de 1855. A noter un excellent cru bourgeois : *Château La Fleur-Milon,* dont le propriétaire est un véritable personnage.

SAINT-JULIEN

Superficie d'environ 750 ha. Les vins de Saint-Julien ont à la fois hérité la charpente du *Pauillac* et la délicatesse du *Margaux*, dont ils constituent la charnière. Deux Châteaux d'un très haut niveau dominent l'appellation : *Château Léoville-Lascases,* que seul le ru le Juillac sépare des vignes de *Château Latour,* et *Château Ducru-Beaucaillou*. A noter un Château dont les vins mériteraient d'être au moins cru bourgeois : *Château Terrey-Gros-Cailloux.*

Il est regrettable que plusieurs crus classés de la commune de Saint-Julien possèdent des vignobles sur le village limitrophe de Cussac (dont le terroir n'est pas comparable), où ils produisent des vins qu'ils commercialisent sous le nom de Saint-Julien, en faisant jouer les usages loyaux, locaux et constants, qui ont souvent bon dos !

MARGAUX

Superficie de 950 ha. C'est non seulement une commune, mais aussi une aire d'appellation qui s'étend aux quatre villages voisins : Soussans, Labarde, Arsac et Cantenac. Les meilleurs terroirs sont incontestablement à Margaux et à Cantenac. Il semble de plus en plus difficile de trouver un vin de Margaux digne de l'appellation. Son chef de file, le célèbre *Château Margaux* — qui a changé de mains il y a quelques années — donne l'impression de retrouver une partie de ses qualités d'antan ; pour ma part, je ne suis pas sûr qu'il les retrouve entièrement. Actuellement, le meilleur semble être *Château Palmer*. Bonne mention également pour le *Château Malescot-Saint-Exupéry* et le *Château Bel-Air-Marquis-d'Aligre,* un grand bourgeois.

MOULIS

Superficie de 300 ha. Situé en retrait dans le Médoc, ce village dispose de l'un des meilleurs plateaux de graves. Les deux meilleurs Châteaux sont, incontestablement : *Chasse-Spleen* et *Poujeaux-Theil.*

LISTRAC

Superficie d'un peu plus de 400 ha. A grands renforts de capitaux, de nouvelles propriétés sont actuellement en replantation. Je n'en attends pas de miracle, compte tenu des terroirs médiocres qu'elles occupent. Les deux meilleurs *Listrac* sont: *Château Fourcas-Dupré* et *Château Fourcas-Hosten.*

Il serait injuste de quitter le Haut-Médoc sans parler du *Château La Lagune* situé sur la commune de Ludon. Bénéficient également de l'appellation *Haut-Médoc* les communes de Blanquefort, Le Taillan, Parempuyre, Le Pian, Macau, Avensan, Arcins, Lamarque, Cussac, Saint-Laurent-du-Médoc, Saint-Sauveur, Cissac (où se trouve l'excellent *Château de Cissac*), Verteuil et Saint-

Seurin-de-Cadourne, qui totalisent environ 2 500 ha.

Coupé par le 45ᵉ parallèle, le Médoc, de par cette position géographique qui le place à égale distance du Pôle et de l'Équateur, puise très certainement dans cet équilibre climatique les éléments qui rendent la qualité de ses vins inégalable.

On a coutume de dire dans le Médoc que les vignobles des meilleurs Châteaux doivent « voir la rivière ». C'est ainsi que l'on nomme dans cette région l'imposant estuaire de la Gironde, qui atteint pourtant une largeur allant jusqu'à 12 km !

GRAVES

Au-delà de Bordeaux, sur la rive gauche de la Garonne, commence la région des Graves, qui est sans doute à l'origine du vignoble bordelais. Elle s'étire sur une soixantaine de kilomètres, pour occuper dans sa plus grande largeur environ 12 km, en contournant les trois grandes appellations de vins liquoreux : Cérons, Barsac et Sauternes.

Le nom de cette appellation provient de son sol particulier fait de sable, d'argile et de cailloux appelés graves. Le vignoble des Graves a la particularité de produire pratiquement autant de vins blancs que de vins rouges, les premiers étant principalement plus au sud, mais la frontière entre les deux reste très vague. Il faut noter cependant que les graves pures sont plus favorables à la vigne rouge. En fait, c'est la nature du sol, plus qu'un classement topographique, qui détermine le vignoble.

34 communes font partie de l'appellation des *Graves*. Les meilleures sont de très loin : Pessac, où se trouve le célèbre *Château Haut-Brion* (dont le propriétaire, M. de Pontac, avait été le premier dans le Bordelais à avoir multiplié le plantier de vignes basses, séparé les cépages blancs des cépages rouges et mis au point les premières techniques d'égalisage (assemblage des cuvées), Talence *(Château La Mission-Haut-Brion)* et surtout Léognan, dont le prestige est rehaussé par le *Domaine de Chevalier* (toujours admirablement bien vinifié) et les *Châteaux Haut-Bailly* et *Malartic-Lagravière*. Au-delà de la commune de Martillac, il y a bien sûr encore quelques îlots de graves pures, mais ils sont très rares ; les sols sont en général légers et sableux. Cela explique que beaucoup de vins rouges manquent de corps et de persistance aromatique. En revanche, quelques vins blancs, où le sauvignon domine, ne manquent pas d'intérêt, surtout si l'on tient compte de leur rapport qualité/prix.

Les trois plus grands vins blancs des Graves sont, respectivement : le *Domaine de Chevalier,* dont l'aptitude au vieillissement lui permet de se mesurer aux grands seigneurs de la Côte d'Or, puis, un ton en dessous, le *Château Haut-Brion* (bien qu'il ne soit pas classé) et le *Château Malartic-Lagravière.* J'allais oublier le *Château Laville-Haut-Brion,* dont le prix est souvent prohibitif.

CÉRONS

Toujours sur la rive gauche de la Garonne, encastrée dans les Graves, cette petite appellation d'environ 600 ha produit quelques vins blancs liquoreux qui ne sont pas inintéressants. Le meilleur

Château, et peut-être le seul de ce niveau, reste le *Grand-Enclos* du *Château de Cérons*. Les vins rouges produits dans cette zone ont droit à l'appellation *Graves*.

SAUTERNES

Cette région viticole, comme celle de Cérons, forme une enclave dans les Graves. Elle est située à une quarantaine de kilomètres au sud-ouest de Bordeaux entre la Garonne et la forêt landaise qui l'enserre à l'ouest et au sud.

Jusqu'au XVIIIe siècle, le vignoble du Sauternais (environ 2 100 ha) était encore peu développé. Sous l'impulsion de la locomotive le *Château d'Yquem,* quelques autres Châteaux songèrent à produire des vins de qualité et le *Sauternes* se vendit alors très cher, ce qui était justifié pour un vin demandant de tels soins et dont les rendements étaient très faibles dans les rares années où les conditions climatiques permettaient d'en faire. Il faut rappeler qu'un grand *Sauternes* ne peut se faire que lorsque l'agent de la pourriture noble, *botrytis cinerea,* un saprophyte, se développe normalement grâce à des conditions climatiques très particulières — dues à un microclimat qui permet l'alternance de brouillards matinaux suivis de soleil dans la journée. Ces brouillards du matin sont sans doute dus au cours d'eau le Ciron, qui constitue la limite entre Sauternes (rive droite) et Barsac (rive gauche) ; bien qu'ayant une petite surface d'eau, celle-ci est très froide et lorsqu'elle se jette dans la Garonne, elle permet le même phénomène de brouillards face à son embouchure sur l'autre rive pour les appellations *Sainte-Croix-du-Mont* et *Loupiac.*

Le droit de chaptalisation en Sauternais, à l'instar de ce qui est autorisé en Gironde, a beaucoup nui à la réputation du *Sauternes*, car même dans les années où la pourriture noble est absente, la plupart des vignerons chaptalisent à outrance et soufrent en conséquence pour le stabiliser, ce qui a amené une désaffection du consommateur pour ces vins qu'il qualifia — pas toujours à tort — de « vins sucrés ».

L'appellation *Sauternes* s'étend également sur les communes de Bommes, Preignac, Fargues et Barsac (qui possède sa propre appellation).

Bien que toujours vendu très cher, le *Château d'Yquem* — qui est réservé à quelques rares privilégiés — ne me paraît pas d'un prix prohibitif, lorsqu'on connaît ses rendements (environ 9 hectolitres à l'hectare), le soin avec lequel il est vendangé (jusqu'à 11 tris grain par grain) et la minutie avec laquelle il est vinifié (trois ans en fûts neufs avant d'être commercialisé).

On peut encore citer le *Château Suduiraut,* le *Château Guiraud* qui vient de changer de propriétaire et dont il faut attendre à une complète résurrection, le *Château Raymond-Lafon* appartenant à M. Meslier (directeur du *Château d'Yquem)* et le *Château de Fargues,* également propriété du comte de Lur-Saluces.

BARSAC

Ayant également droit à l'appellation *Sauternes,* la commune de Barsac possède sa propre appellation, qui s'étend sur un peu plus de 500 ha. Les meilleurs

Châteaux sont, incontestablement, le *Château Nairac,* que son propriétaire Tom Heeter vinifie avec passion et amour, le *Château Doisy-Daëne,* l'un des meilleurs, et le *Château Coutet.*

SAINTE-CROIX-DU-MONT

Face au Sauternais, sur la rive droite de la Garonne, faisant suite aux premières côtes de Bordeaux, ce petit vignoble d'environ 400 ha produit des vins liquoreux du type *Sauternes.* Malheureusement, là aussi, la qualité a beaucoup baissé. Il reste toutefois deux Châteaux qui dominent de très loin l'appellation pour le sérieux avec lequel ils sont vinifiés : *Château Loubens* et *Château Terfort.*

LOUPIAC

Vignoble de 550 ha, lui aussi sur la rive droite de la Garonne, précédant l'appellation *Sainte-Croix-du-Mont,* situé à environ 40 km au sud-est de Bordeaux. Produisant des vins liquoreux, il fait face au vignoble de Barsac. Dans cette appellation, beaucoup de vins sont sans intérêt. Les deux meilleurs Châteaux sont d'ailleurs la propriété du même vinificateur : le *Château Pontac* et le *Château Loupiac-Gaudiet,* qui appartint à Montaigne ; l'un de ses descendants le vendit le 15 messidor, an 12.

PREMIÈRES CÔTES-DE-BORDEAUX

Toujours sur cette même rive droite de la Garonne, ses premières côtes s'étendent du sud-est au nord-est sur une soixantaine de kilomètres, depuis les limites de Saint-Maixant jusqu'au-delà de Bassens, en bordure du fleuve dont elles épousent les aimables méandres. La partie septentrionale de l'appellation concerne, presque exclusivement, des vins rouges assez corsés, d'une bonne richesse alcoolique, tandis que la partie méridionale est plus reconnue pour des vins blancs moelleux, certaines communes ayant d'ailleurs le droit d'inclure leur nom à celui de *Premières Côtes-de-Bordeaux* : Gabarnac et Cadillac. A noter que c'est le chevalier de Lamothe-Cadillac qui fonda la ville de Detroit aux États-Unis.

L'aire d'appellation des *Premières Côtes-de-Bordeaux* — où il y a, malgré le nom, presque autant de plaines que de côtes ! — s'étend sur 37 communes regroupant environ 3 500 ha de vignes. Les meilleurs terroirs semblent être Rions, dans la zone de Cadillac, et Haux.

CÔTES-DE-BORDEAUX-SAINT-MACAIRE

Toujours sur la rive droite de la Garonne, les *Côtes-de-Bordeaux-Saint-Macaire* prolongent, au sud, la région des *Premières Côtes-de-Bordeaux* et s'étendent jusqu'aux limites du département de la Gironde. Elles comprennent 10 communes faites d'alternances de côtes et de plaines. Les deux meilleures, pratiquement tout en coteaux, sont Saint-André-du-Bois et Caudrot. On y produit surtout des vins blancs secs, encore un peu d'un blanc moelleux, mais de plus en plus de *Bordeaux* rouge. Cette appellation couvre environ 500 ha.

ENTRE-DEUX-MERS

Pour être plus précis, on devrait plutôt dire « Entre deux rivières », puisqu'il s'agit de la partie située entre la Garonne et la Dordogne. C'est une vaste région qui est constituée par une alternance de coteaux souvent recouverts de forêts et de vallées plus ou moins larges, où la vigne et les prairies voisinent avec diverses cultures, dont le tabac.

Les vins de l'*Entre-Deux-Mers*, pour avoir droit à l'appellation, doivent être blancs. Les rouges peuvent prétendre à l'appellation *Bordeaux* ou *Bordeaux supérieur* (selon le degré d'alcool). La superficie de l'*Entre-Deux-Mers* est un peu confuse car, outre les vins rouges qui ont pris malheureusement souvent la place des blancs pour des raisons commerciales, bien qu'ils soient plantés sur des sols qui ne leur conviennent pas toujours, beaucoup de vins blancs ne revendiquent pas la labellisation *Entre-Deux-Mers*, préférant l'appellation *Bordeaux*, moins restrictive quantitativement et surtout qualitativement !

C'est une zone de gros domaines, certains étant même géants. On utilise non seulement la machine à vendanger mais aussi la machine à planter (mais oui, cela existe !), pour mettre en exploitation des terrains récemment défrichés n'ayant pas toujours de vocation viticole. C'est aussi le royaume des vignes hautes, certaines étant, comme en Italie (dans la région d'Orvieto), de véritables arbustes mal taillés, où le raisin a beaucoup de mal à mûrir. Mais, après tout, ne détient-on pas la panacée avec la chaptalisation, qui est là pour pallier la carence du soleil !

L'aire d'appellation de l'*Entre-Deux-Mers* s'étend sur 141 communes à vocation plus ou moins viticole. Elle regroupe une quinzaine de caves coopératives. 9 communes donnent droit, pour les *Bordeaux* rouges, à une appellation supplémentaire *Haut-Benauge* ; deux villages de cette aire ont de bons terroirs : Escoussans et Gornac. Dans les autres communes, les meilleurs sont incontestablement : Montcussan, Beychac et Cailleau, Soussac et Sauveterre.

GRAVES-DE-VAYRES

Encastrées dans l'Entre-Deux-Mers, face au vignoble de Fronsac (situé sur l'autre rive de la Dordogne), les Graves de Vayres s'étendent sur environ 700 ha, groupés dans deux communes : Vayres et Arveyres. L'appellation *Graves-de-Vayres* était déjà utilisée au XIXe siècle. Elle fut reconnue officiellement en 1931 par un arrêt de la cour d'appel de Bordeaux et consacrée comme appellation contrôlée en 1937. A l'origine, on y produisait surtout des vins blancs moelleux. Devant la mévente de ce type de vin, beaucoup de terroirs ont été replantés en rouge et donnent des Bordeaux qui ne sont pas inintéressants ; les meilleurs peuvent s'apparenter au *Lalande-de-Pomerol*.

SAINTE-FOY-BORDEAUX

Appellation regroupant 18 communes sur environ 600 ha. Elle constitue la fin de l'*Entre-Deux-Mers* sur la rive gauche de la Dordogne. Antérieurement, elle était réputée pour ses vins blancs moelleux. Les goûts ayant changé, on y fait maintenant beaucoup de vins secs. Meilleure commune : Gensac.

BLAYAIS

Importante région viticole d'un peu plus de 8 000 ha, située sur la rive droite de la Gironde à une cinquantaine de kilomètres au nord de Bordeaux. Une grande partie de son vignoble est rassemblée derrière le promontoire rocheux qui, du haut de la citadelle construite par Vauban, fait face au vignoble de Pauillac sur l'autre rive.

Les vins produits dans cette région sont susceptibles de bénéficier de plusieurs appellations. Les vins blancs et rouges peuvent, selon les critères auxquels ils satisfont, obtenir les appellations *Premières Côtes-de-Blaye*, *Blaye* ou *Blayais*. Seuls certains vins blancs sont susceptibles de prétendre à l'appellation *Côtes-de-Blaye*.

La région du Blayais s'étend sur 41 communes. Les vins rouges sont moins corsés et moins élégants que ceux du Bourgeais, mais les blancs sont un peu plus fins, surtout ceux provenant du secteur sud, car il est évident que le secteur nord, proche de l'appellation Cognac, donne des vins sans distinction.

Les meilleurs terroirs se situent sur les communes de Blaye et de Cars (ce sont les plus importants). On trouve aussi des vins intéressants sur les communes de Plassac, Berson (vins rouges fermes se rapprochant du type des Côtes-de-Bourg), Saint-Martin-Lacaussade, Mazion, Saint-Seurin-de-Cursac, Cézac et Anglade (vins corsés et colorés pour ces deux villages), Lafosse (réputé pour ses vins blancs) et Saint-Aubin-de-Blaye.

BOURGEAIS

Située à la fois sur la rive droite de la Gironde et de la Dordogne à une trentaine de kilomètres au nord de Bordeaux, cette région accidentée est très pittoresque. Les coteaux calcaires et abrupts qui dominent les rives offrent des points de vue remarquables sur les îles de la Gironde et le Médoc. 15 communes, regroupant un peu plus de 3 500 ha, composent cette aire d'appellation surtout réputée pour ses excellents vins corsés, élégants et qui savent vieillir. Les meilleurs terroirs sont incontestablement : une partie de la commune de Bourg, Saint-Seurin-de-Bourg et surtout Bayon. Le village de Saint-Trojan, proche du Blayais, donne des vins plus légers. C'est une zone où il y a encore beaucoup de découvertes à faire.

RÉGION DE GUITRES ET DE COUTRAS

Cette région est formée par les cantons de Guîtres et de Coutras. Elle est située au nord-est du département et s'étend sur 24 communes. C'est un vignoble très ancien, puisqu'il existait déjà au Xe siècle. Ses meilleurs terroirs semblent être les communes de Saint-Seurin-sur-l'Isle, Abzac, Le Fleu, Saint-Christophe-de-Double et Saint-Denis-de-Pile, où l'on trouve quelques îlots de graves et des terres chaudes.

Vendanges en Sauternais

Château d'Yquem

CUBZAGUAIS

La plus grande partie du Cubzaguais, qui s'étend sur 8 communes, est constituée par le canton de Saint-André-de-Cubzac qui est situé sur la rive droite de la Dordogne, à une trentaine de kilomètres au nord-est de Bordeaux sur la route de Paris. Ce canton est connu de la France entière par ses ponts, construits par Eiffel, mais surtout par les innombrables bouchons qui s'y produisent chaque année au moment des vacances. Les vins de ce secteur, quoique ayant une bonne structure tannique, sont assez précoces. Les meilleurs terroirs sont : Cubzac-les-Ponts et Saint-Gervais.

FRONSADAIS

Le Fronsadais est une assez belle région voisine de Libourne, située entre l'Isle et les méandres de la Dordogne. Lors de l'obtention de l'origine contrôlée, 6 communes pouvaient prétendre à l'appellation : Fronsac (qui a un très bon terroir), Saint-Michel-de-Fronsac (également réputé), La Rivière (produisant des vins corsés), Saint-Aignan, Saillans et Saint-Germain-La Rivière. Depuis, un arrêt de la cour d'appel de Bordeaux du 23 mars 1943 a permis à d'autres communes de bénéficier de l'appellation d'origine *Fronsac ;* ce qui est assez discutable pour ces secteurs où il y a pratiquement autant de plaines que de côtes. Néanmoins, les choses étant ce qu'elles sont, ont également droit à l'appellation : Galcon, Cadillac-en-Fronsadais, Villegouge, Vérac, Lugon et l'Ile du Carney, Asques, Saint-Romain-la-Virvée, Lalande-de-Fronsac, Tarnes et Mouillac ; tant qu'on y était, pourquoi ne pas y avoir inclus aussi Périssac et Saint-Genès-de-Fronsac !

LIBOURNAIS

Ce secteur regroupe quelques communes (8) situées aux environs de Saint-Émilion et de Pomerol, n'ayant aucune appellation particulière et où les vins ne peuvent bénéficier que des appellations *Bordeaux* ou *Bordeaux supérieur*. La meilleure semble être Puynormand.

SAINT-ÉMILION

Le *Saint-Émilion* est l'une des plus anciennes appellations du Bordelais, puisque l'on situe l'origine de son vignoble à l'époque gallo-romaine, où ses vins jouissaient — grâce au poète Ausone — d'une grande renommée. L'ancien organe administratif de la région, la Jurade de Saint-Émilion, tient ses origines d'une charte donnée par le roi d'Angleterre Jean sans Terre, le 8 juillet 1199.

La réputation des vins de Saint-Émilion, qui remonte à plusieurs siècles, a donné lieu dans le passé à de nombreux procès entre les habitants de la commune et ceux des villages voisins. Depuis le 14 novembre 1936, l'appellation d'origine contrôlée a délimité l'aire de production des vins de Saint-Émilion, qui correspond très exactement à celle de l'ancienne juridiction et qui comprend 8 communes : Saint-Émilion, Saint-Christophe-des-Bardes, Saint-Etienne-de-Lisse, Saint-Hippolyte, Saint-Laurent-des-Combes, Saint-Pey-d'Armens, Saint-Sulpice-de-Faleyrens et Vignonet. Cette région est constituée d'une série de coteaux orientés est-ouest et nord sur une longueur d'environ 10 km et sur une largeur de 3 km ainsi que d'un vaste plateau qui s'étend vers Pomerol.

Le *Saint-Émilion* est la plus grande appellation d'origine contrôlée française. Elle s'étend sur environ 5 700 ha, regroupant près de 800 Châteaux.

A Saint-Émilion, on trouve cinq types de sols :

— la côte sud, au sol argilo-calcaire, où se trouvent le célèbre *Château Ausone*, une partie du *Château Magdelaine*, le *Château de Gaffelière* et le *Château Pavie*. Derrière cette côte sud, le prolongement se fait par le plateau de rochers calcaires (pas plus de 15 cm de terre arable, d'ailleurs encore travaillée avec des chevaux). Les vins de ce secteur sont assez austères dans leur jeunesse, avec une certaine minceur ; par contre, ils sont de longue garde et acquièrent au vieillissement une finesse incomparable ;

— la côte nord, au sol argilo-calcaire et d'argile noire, regroupe la plus grande masse des crus classés : *Château Fonroque, Château Cap-de-Mourlin, Château Moulin-du-Cadet, Château Soutard,* etc. ;

— les graves : contrairement à tout ce qui a été écrit, ce secteur est beaucoup moins important que beaucoup de propriétaires ne le prétendent. Il ne recouvre, en tout et pour tout, que 60 ha, soit environ 1,2 pour cent de la superficie de l'appellation ; ceux-ci se trouvent essentiellement sur les sols du célèbre *Château Cheval-Blanc,* du remarquable *Château Figeac,* du *Château La Tour-Figeac* et d'une partie du *Château La Dominique* (qui borde *Cheval-Blanc).* Les vins de ce secteur ont un cachet particulier : ils se rapprochent des *Pomerol* dont ils sont les voisins immédiats et ils ont une sève et une finesse qui n'est pas sans rappeler le *Médoc ;*

— les sables limoneux : secteur de Saint-Pey-d'Armens, Saint-Sulpice-de-Faleyrens et Vignonet en bordure de la Dordogne. Vins assez légers, les meilleurs semblant être le *Château de Saint-Pey, Château Moulin-de-Pierrefitte* et le *Château Teyssier ;*

— les argiles ocres ou boulbènes, secteur de Saint-Christophe-des-Bardes, qui produisent des vins riches assez tendres, mais sans grande personnalité. Le plus représentatif semble être le *Château Fombrauge.*

Contrairement à ce qui se fait dans le Médoc, le cépage qui domine est ici le merlot. Toutefois, dans certains terroirs, le cabernet franc apporte une structure tannique qui manque au sol. On trouve aussi un peu de malbec. En revanche, le cabernet sauvignon est totalement absent. Le nombre de pieds à l'hectare est de 6 500.

Il est hors de doute qu'avec Beaune et Riquewihr, Saint-Émilion constitue le tiercé des communes viticoles de France les plus visitées. Il faut dire que ces trois cités ont su garder un caractère typique sur lequel les siècles n'ont pas eu de prise. Saint-Émilion, avec sa très curieuse église monolithe et les arcades en ruine de son cloître des cordeliers, est truffée de caves, qui étaient au Moyen Age d'anciennes carrières exploitées pour construire la ville. Les trois plus belles sont sans conteste celles des Châteaux Villemaurine, Belair et Ausone.

La Jurade de Saint-Émilion donne chaque année plusieurs chapitres, où l'on garde encore le souvenir des offices célébrés par l'abbé Berger, qui fut un fameux curé.

SATELLITES DE SAINT-ÉMILION

Cinq communes limitrophes de Saint-Émilion ont le droit d'accoler à leur nom celui de la grande appellation. Nous allons voir en détail chacune d'entre elles :

MONTAGNE-SAINT-ÉMILION

C'est la plus importante, puisqu'elle s'étend sur près de 1 400 ha, regroupant environ 200 Châteaux. Cette commune, pratiquement tout en coteaux, produit d'excellents vins rouges corsés et colorés, ayant beaucoup de distinction. Il est certain que les meilleurs vins de Montagne-Saint-Émilion sont très supérieurs aux *Saint-Émilion* de la zone de Saint-Christophe-des-Bardes ainsi que de ceux provenant des sables limoneux de Saint-Pey-d'Armens, Saint-Sulpice-de-Faleyrens et Vignonet.

SAINT-GEORGES-SAINT-ÉMILION

Environ 300 ha, d'un excellent vignoble dont la majorité est en coteaux, donnant des vins corsés, avec du corps et de la race, aptes au vieillissement, qui eux aussi sont meilleurs que beaucoup de *Saint-Émilion* produits dans des sols légers de la plaine. Les vins de Saint-Georges-Saint-Émilion peuvent être vendus sous l'appellation *Montagne-Saint-Émilion,* qu'aucun viticulteur de cette commune ne revendique ; ce qui est compréhensible, vu la publicité faite autour de l'appellation par le *Château Saint-Georges* (toujours très bien vinifié), véritable locomotive. On peut aussi noter le *Château Saint-André-Corbin.*

PARSAC-SAINT-ÉMILION

Environ 240 ha composent cette appellation, qui produit des vins un peu moins corsés que les communes précédentes. Les vins de Parsac ont la possibilité de prendre l'appellation *Montagne-Saint-Émilion,* qui est revendiquée par la quasi-totalité des vignerons de la commune, dont c'est l'intérêt.

PUISSEGUIN-SAINT-ÉMILION

Environ 600 ha, situés au nord-est de Saint-Émilion, composent l'appellation, qui donne dans l'ensemble des vins un peu plus communs que les trois appellations précitées. Les meilleurs Châteaux semblent être *Les Lorets* et *Teillac.*

LUSSAC-SAINT-ÉMILION

C'est l'une des plus importantes, puisqu'elle dépasse les 900 ha. Quelques coteaux, mais aussi des vins de plaine. Les deux meilleurs Châteaux sont sans

Château Palmer

Château Beychevelle

conteste *De Lussac* et surtout *Du Lyonnat.*

En résumé, pour ces cinq appellations, sœurs de Saint-Émilion, les trois meilleures sont *Montagne, Saint-Georges* et *Parsac.*

POMEROL

Pomerol est voisine de Saint-Émilion et comprend une partie de la commune de Libourne, dont certains terroirs ont droit à l'appellation depuis une délimitation définie par un jugement du tribunal civil de Bordeaux en 1928.

Les Romains furent les premiers à cultiver la vigne à Pomerol, puis, au Moyen Age, les puissants hospitaliers de Saint-Jean-de-Jérusalem y établirent leur première commanderie en Libournais, en y édifiant un manoir, un hôpital et une église, le tout dans le style roman le plus pur. Les religieux maintinrent la culture jusqu'à la guerre de Cent Ans où, pendant l'occupation anglaise, le vignoble fut abandonné et dévasté.

Le vin de Pomerol surprend souvent le dégustateur non habitué, car c'est un Bordeaux qui présente certaines analogies avec le Bourgogne. Il est riche en couleur, a beaucoup de corps, de générosité, avec une grande finesse et un bouquet développé.

Un peu plus de 700 ha composent l'appellation *Pomerol,* qui compte trois types de sols bien distincts :

— sol sablonneux, donnant des vins légers avec moins de densité en couleur et moins de rondeur, tels le *Château Mazeyres* et le *Château de Sales* (le plus important : 45 ha) ;

— sol de petites graves, vins plus secs avec une structure plus classique, comme le *Château Clos-René,* le *Château l'Enclos* et le *Château Bourgneuf-Vayron ;*

— sol d'argiles lourdes dénommées argiles bleues, du type de ceux que l'on trouve sur le plateau de Pomerol. Il confère aux vins une faible acidité, une couleur sombre, des tannins souples et gras, produisant des vins charnus. C'est dans ce terroir que l'on trouve des vins exceptionnels, tels le *Château Pétrus,* le *Château Trotanoy,* le *Château Lafleur,* le *Château Certan-de-May,* le *Château l'Évangile* et le *Château Vieux-Certan.* Le *Château La Conseillante* est un petit peu à part compte tenu du fait qu'il s'éloigne du plateau ; une partie de ses vignes se trouve d'ailleurs sur Saint-Émilion, encastrées dans le *Château Cheval-Blanc.*

Dans l'ensemble, la zone de Pomerol est plus précoce que celle de Saint-Émilion, car sur ce plateau l'air stagne, il y a peu de circulation et la chaleur reste concentrée. Les meilleurs vins de Pomerol sont issus de cépage merlot, qui constitue le grand mariage avec l'argile lourde. En cépage d'appoint, on trouve le cabernet franc. A titre indicatif, *Château Pétrus* est encépagé à 98 pour cent en merlot et 2 pour cent en cabernet franc. Le ruisseau la Barbane sépare l'appellation *Pomerol* des zones *Néac* et *Lalande-de-Pomerol.*

NÉAC

Petite appellation d'environ 200 ha où les vins ont droit à l'appellation *Lalande-de-Pomerol.* Sol argileux donnant des vins un peu plus rustiques. Le meilleur Château est sans conteste le *Château Tournefeuille.*

LALANDE-DE-POMEROL

A peu près 300 ha, situés au nord de Pomerol à l'ouest de la route Libourne-Périgueux. Sol d'argile ocre jaune. Le porte-drapeau est incontestablement le *Château de Bel-Air.*

COTES-DE-FRANCS

Petite région située à l'est du département de la Gironde, constituée par une alternance de coteaux recouverts par la vigne et de vallées où dominent les prairies. Cinq communes ayant droit à l'appellation *Bordeaux* ou *Bordeaux supérieur,* qui donnent un vin assez commun, composent cette zone.

COTES-DE-CASTILLON

Sur des coteaux assez accidentés, avec un sol argilo-calcaire et un sous-sol de calcaire dur (utilisé autrefois comme pierre à bâtir), la vigne produit des vins corsés et colorés, qui peuvent très bien vieillir. Huit communes ont droit à l'appellation *Bordeaux* ou *Bordeaux supérieur Côtes-de-Castillon.* Les quatre meilleures sont : Castillon-la-Bataille, Belves-de-Castillon (avec le *Château Castegens),* Sainte-Colombe et Saint-Magne-de-Castillon. On peut encore citer les *Châteaux de Pitray* et *Savoie.*

Sur la rive gauche de la Garonne, après les Graves et entre l'Atlantique et le Médoc, on trouve encore deux zones assez importantes d'appellations génériques *Bordeaux.*

CARACTERISTIQUES DES VINS DE BORDEAUX

— *Médoc :* Belle couleur rubis, du corps, une finesse et un moelleux qui ne sont jamais aussi prononcés dans un autre vin. En vieillissant, ils ne font que s'améliorer, sans sécher et sans perdre leur belle robe. Le *Médoc* est également un vin d'une haute valeur hygiénique, grâce à l'élément ferrugineux qui en fait un principe fortifiant et tonique.

— *Margaux :* Dans les années réussies, il est le premier vin du monde. Pourvu d'une belle robe, et généreux sans être capiteux, il a une finesse incomparable.

— *Moulis :* Vins colorés, corsés et bouquetés.

— *Saint-Julien :* Remarquables de robe et de corps, avec un parfum délicieux et une grande richesse de sève. Tient en quelque sorte le milieu entre les vins de Margaux et ceux de Pauillac.

— *Pauillac :* Bouquet très développé. Beaucoup de finesse et de distinction. Des vins qui savent vieillir.

— *Saint-Estèphe* : Particulièrement aromatisés et plus tanniques que les Pauillac, donc plus longs à se faire.

— *Graves rouges* : Supportent la comparaison avec les meilleurs vins du Médoc. Ils ont un bouquet moins accusé que les premiers et sont de bonne conservation.

— *Saint-Émilion* : C'est la plus haute expression des vins de côtes. On les appelle parfois les *Bourgogne* de la Gironde, ce avec quoi je ne suis pas tout à fait d'accord.

— *Pomerol* : Vins colorés, corsés avec de la distinction, surtout ceux du plateau, qui ont à la fois la finesse du *Médoc* et la sève du *Saint-Émilion*. Ce sont, à mon avis, les vins du Bordelais les plus proches du *Bourgogne*.

— *Lalande-de-Pomerol-Néac* : S'apparentant au *Pomerol*, ils sont un peu moins charpentés.

— *Fronsac* : Vins assez puissants et colorés, qui savent vieillir, mais ne sont pas agréables dans leur jeunesse.

— *Blayais* : Vins fruités, qui se font assez vite.

— *Bourgeais* : Sans admettre, comme l'écrit l'abbé Beaurein, que ces vins étaient au XVIIe siècle plus estimés que ceux du Médoc, ils sont par suite d'un encépagement et de méthodes de vinification plus actualisés, devenus élégants, mais ont cependant du corps et demandent plus de temps pour s'épanouir que les vins de Blayais.

— *Premières Côtes-de-Bordeaux* : Vins d'une bonne richesse alcoolique, assez colorés mais dans l'ensemble un peu communs.

Les vins blancs du Bordelais sont à classer en deux catégories bien distinctes : les liquoreux et les secs.

— *Sauternes* : C'est un vin incomparable, qui n'a rien de commun avec les autres liquoreux. Bien vinifié dans une grande année, il a une telle palette de parfums qu'il se suffit à lui-même.

— *Barsac* : Même type de vin que le *Sauternes,* dont il a également droit à l'appellation, mais peut-être un peu plus nerveux.

— *Sainte-Croix-du-Mont* et *Loupiac* : Bien vinifiés, ils ont avec un peu moins de classe, mais autant de gras, le caractère des grands liquoreux de *Sauternes* et *Barsac*.

— *Cérons* : Vins moelleux et non liquoreux (qui contiennent peu de sucre résiduel), ils constituent le trait d'union entre les grands liquoreux de Sauternes et les *Graves* de Bordeaux.

— *Graves* : Dans l'ensemble, vins secs, nerveux, distingués et bouquetés.

— *Blayais* et *Bourgeais* : Ces deux régions, réputées pour leurs rouges, produisent néanmoins des vins blancs qui tiennent une place honorable dans la gamme des vins de la Gironde. Ceux du secteur sud du Blayais ne sont pas sans rappeler l'*Entre-Deux-Mers* : secs, vifs et frais, ils ont une certaine personnalité.

—*Entre-Deux-Mers* : Dans cette vaste région située entre les deux fleuves (la Garonne et la Gironde), vins très différents suivant le sol et l'encépagement. Ceux issus du sauvignon, vinifiés en semi-carbonique ou en carbonique, demandent à être bus jeunes pour garder leur fraîcheur et le bouquet accentué du sauvignon.

Château Ducru-Beaucaillou

Chai du Château Margaux

DANS LE LABYRINTHE DES CLASSEMENTS...

Les Bordelais — c'est bien connu —, surtout dans le Médoc et à Saint-Émilion, ont la manie des classements.

Déjà, en 1775, il y eut une première tentative concernant les vins du Médoc. Il faut croire qu'elle n'avait pas donné satisfaction, puisqu'elle fut renouvelée sous une autre forme en 1824 et remise à jour en 1827 ! Vint enfin la fameuse année 1855 où, à la demande de Napoléon III, la chambre de commerce de Bordeaux fit appel aux courtiers bordelais, pour leur demander d'établir à l'occasion de l'Exposition universelle de Paris un classement des meilleurs vins de Bordeaux. Tenant compte de la qualité des terroirs et s'appuyant sur les prix pratiqués, les courtiers classèrent les vins du Médoc en cinq catégories, en y incluant toutefois un vin des Graves, le *Château Haut-Brion*, mais en excluant les Châteaux de Saint-Émilion et de Pomerol. Ce classement était le suivant :

PREMIERS CRUS	Communes
Château Lafite-Rothschild	Pauillac
Château Margaux	Margaux
Château Latour	Pauillac
Château Haut-Brion	Pessac

SECONDS CRUS	Communes
Château Mouton-Rothschild	Pauillac
Château Rausan-Segla	Margaux
Château Rauzan-Gassies	Margaux
Château Léoville-Lascases	Saint-Julien
Château Léoville-Poyferre	Saint-Julien
Château Léoville-Barton	Saint-Julien
Château Durfort-Vivens	Margaux
Château Gruaud-Larose	Saint-Julien
Château Lascombes	Margaux
Château Brane-Cantenac	Cantenac
Château Pichon-Longueville-Baron	Pauillac
Château Pichon-Longueville-Comtesse-de-Lalande	Pauillac
Château Ducru-Beaucaillou	Saint-Julien
Château Cos-d'Estournel	Saint-Estèphe
Château Montrose	Saint-Estèphe

TROISIÈMES CRUS	Communes
Château Kirwan	Cantenac
Château d'Issan	Cantenac
Château Lagrange	Saint-Julien
Château Langoa	Saint-Julien
Château Giscours	Labarde
Château Malescot-Saint-Exupéry	Margaux
Château Boyd-Cantenac	Cantenac
Château Cantenac-Brown	Cantenac
Château Palmer	Cantenac
Château La Lagune	Ludon
Château Desmirail	Margaux
Château Calon-Ségur	Saint-Estèphe
Château Ferrière	Margaux
Château Marquis-d'Alesme-Becker	Margaux

QUATRIÈMES CRUS	Communes
Château Saint-Pierre	Saint-Julien
Château Talbot	Saint-Julien
Château Branaire-Ducru	Saint-Julien
Château Duhart-Milon	Pauillac
Château Pouget	Cantenac
Château La Tour-Carnet	Saint-Laurent
Château Lafont-Rochet	Saint-Estèphe
Château Beychevelle	Saint-Julien
Château Prieuré-Lichine	Cantenac
Château Marquis-de-Termes	Margaux

CINQUIÈMES CRUS	Communes
Château Pontet-Canet	Pauillac
Château Batailley	Pauillac
Château Haut-Batailley	Pauillac
Château Grand-Puy-Lacoste	Pauillac
Château Grand-Puy-Ducasse	Pauillac
Château Lynch-Bages	Pauillac
Château Lynch-Moussas	Pauillac
Château Dauzac	Labarde
Château Mouton-Baronne-Philippe	Pauillac
Château du Tertre	Arsac
Château Haut-Bages-Liberal	Pauillac
Château Pedesclaux	Pauillac
Château Bellegrave	Saint-Laurent
Château Camensac	Saint-Laurent
Château Cos-Labory	Saint-Estèphe

Château Clerc-Milon	Pauillac
Château Croizet-Bages	Pauillac
Château Cantemerle	Macau

Derrière ces catégories de crus, venaient des crus « grands bourgeois », « bourgeois », « artisans » et « paysans ».

Il est complètement aberrant que ce fameux classement fasse encore autorité aujourd'hui, car il est complètement dépassé, et ce pour plusieurs raisons :
— En 1855, le vignoble du Médoc était sur des vieilles vignes françaises alors qu'aujourd'hui, après le phylloxera, il est greffé sur des plants américains.
— Il n'y a plus le même nombre de pieds de vignes à l'hectare.
— Les méthodes de culture sont totalement différentes, notamment par les apports excessifs d'engrais.
— L'encépagement a été totalement modifié au cours des ans. Dans beaucoup de secteurs le merlot a pris la place du cabernet sauvignon, pour des raisons de rentabilité.
— Les méthodes de vinification sont tout à fait différentes.
— De nombreux Châteaux ont subi des restructurations (achats ou ventes de parcelles) au point que certains ont doublé de volume.
— Beaucoup de vinificateurs n'ont plus le même état d'esprit. Ils se parent d'une étiquette et profitent de ce classement désuet pour faire de l'argent aux dépens de la qualité.

En 1959, un comité de quatre experts a présenté à l'I.N.A.O. un nouveau projet de classement des crus du Médoc, qui prévoyait trois catégories :
— premier grand cru classé exceptionnel (4 Châteaux) ;
— premier grand cru classé (21 Châteaux) ;
— grand cru classé (30 Châteaux).

Ce projet a été refusé, car il avait fait l'unanimité dans le mécontentement. Pour ma part, je trouve qu'il était réalisé d'une façon totalement fantaisiste, car avoir classé *Château Pontet-Canet, Château Talbot* et *Château Cantemerle* dans une catégorie supérieure à celle de *Château La Lagune,* pour ne citer que celui-là, me semble d'une parfaite incohérence.

Le 21 juin 1973, le *Château Mouton-Rothschild* a été classé premier cru.

Dans le Médoc, outre ce classement, en 1932, cinq courtiers ont établi un classement des bourgeois, en en désignant six comme « bourgeois supérieurs exceptionnels » :

BOURGEOIS SUPÉRIEURS EXCEPTIONNELS Communes

Château d'Angludet	Cantenac
Château Villegeorge	Avensan
Château Bel-Air-Marquis-d'Aligre	Soussans
Château Chasse-Spleen	Moulis
Château Moulin-Riche	Saint-Julien
Château La Couronne	Pauillac

Puis, ils ont classé 100 Châteaux en « crus bourgeois supérieurs » et 335 en « crus bourgeois ».

Pour tout arranger, un syndicat regroupant des « crus grands bourgeois » et des « crus bourgeois » du Médoc a, lui aussi, fait son propre classement en 1962, qui est le suivant :
— 19 « grands bourgeois exceptionnels » ;
— 82 « grands bourgeois » ;
si bien qu'on arrive, pour ces classements du Médoc, à un véritable galimatias. On ne sait plus qui, dans l'un ou l'autre, est « exceptionnel », « grand » ou « bourgeois ».

CLASSEMENT DES GRAVES

Le Syndicat de défense de l'appellation Graves a proposé à l'I.N.A.O. un procédé de classement des crus de sa région, qui a été homologué par un arrêté du 7 août 1953 et complété par un arrêté du 16 février 1959. On connaît la lenteur de l'administration, mais mettre six ans en oubliant le *Château Haut-Brion* blanc, il y a vraiment de quoi rire ! Quoi qu'il en soit, ce classement est le suivant :

Graves blancs

	Communes
Château Laville Haut-Brion	Talence
Château Bouscaut	Cadaujac
Château Couhins	Villenave d'Ornon
Château Carbonnieux	Léognan
Domaine de Chevalier	Léognan
Château Malartic-Lagravière	Léognan
Château Olivier	Léognan
Château La Tour-Martillac	Martillac

Graves rouges

	Communes
Château La Mission-Haut-Brion	Talence
Château La Tour-Haut-Brion	Talence
Château Haut-Brion	Pessac
Château Pape-Clément	Pessac
Château Bouscaut	Cadaujac
Château Carbonnieux	Léognan
Domaine de Chevalier	Léognan
Château Fieuzal	Léognan
Château Haut-Bailly	Léognan
Château Malartic-Lagravière	Léognan
Château Olivier	Léognan
Château La Tour-Martillac	Martillac
Château Smith Haut-Lafitte	Martillac

En 1855, les courtiers bordelais établirent également un classement concernant les vins de Sauternes et de Barsac, qui est peut-être aujourd'hui encore moins valable que celui du Médoc car, outre les raisons exposées pour ce dernier, en Sauternais une chaptalisation excessive fait que le soleil... en sacs a remplacé dans la plupart des cas la pourriture noble. Pour mémoire, voici ce classement :

PREMIER GRAND CRU	Communes
Château d'Yquem	Sauternes

PREMIERS CRUS	Communes
Château La Tour-Blanche	Bommes
Château Lafaurie-Peyraguey	Bommes
Clos Haut-Peyraguey	Bommes
Château Rayne-Vigneau	Bommes
Château Suduiraut	Preignac
Château Coutet	Barsac
Château Climens	Barsac
Château Guiraud	Sauternes
Château Rieussec	Fargues
Château Sigalas-Rabaud	Bommes
Château Rabaud-Promis	Bommes

DEUXIÈMES CRUS	Communes
Château Myrat	Barsac
Château Doisy-Daëne	Barsac
Château Doisy-Védrines	Barsac
Château d'Arche	Sauternes
Château Filhot	Sauternes
Château Broustet	Barsac
Château Nairac	Barsac
Château Caillou	Barsac
Château Suau	Barsac
Château de Malle	Preignac
Château Romer	Fargues
Château Lamothe	Sauternes

C'est bien connu, chacun veut son petit classement. Il était normal que les « bourgeois » de Saint-Émilion eussent revendiqué le leur. Ce fut fait auprès de l'I.N.A.O. qui leur donna satisfaction par un décret du 7 octobre 1954, homologué par un arrêté du 18 octobre 1958. Le classement de Saint-Émilion est véritablement un piège, qui fausse l'esprit du consommateur. Il est en principe révisable tous les dix ans, mais c'est un club très fermé où les intérêts financiers prédominent trop pour qu'il y ait des modifications, qui pourtant s'imposeraient. La porte s'est simplement entrouverte il y a quelques années pour faire rentrer 8 nouveaux membres (ce qui est facilement compréhensible lorsqu'on sait lire entre les lignes parmi les noms des récipiendaires). Ce classement est le suivant :

PREMIERS GRANDS CRUS CLASSÉS

A) *Château Ausone*	*Château Cheval-Blanc*
B) *Château Beauséjour* (Duffau) *Château Belair* *Clos Fourtet* *Château La Gaffelière* *Château Pavie*	*Château Beauséjour* (Bécot) *Château Canon* *Château Figeac* *Château Magdelaine* *Château Trottevieille*

GRANDS CRUS CLASSÉS

Château L'Angelus	*Château l'Arrosée*
Château Baleau	*Château Balestard-la-Tonnelle*
Château Bellevue	*Château Bergat*
Château Cadet-Bon	*Château Cadet-Piola*
Château Canon-la-Gaffelière	*Château Cap-de-Mourlin*
Château Chapelle-Madeleine	*Château Chauvin*
Clos des Jacobins	*Clos Saint-Martin*
Clos de la Madeleine	*Château Corbin-Giraud*
Château Corbin-Michotte	*Château Coutet*
Château Couvent-des-Jacobins	*Château Croque-Michotte*
Château Curé-Bon	*Château Dassault*
Château Faurie-de-Souchard	*Château Fonplegade*
Château Fonroque	*Château Franc-Mayne*
Château Grand Barrail-Lamarzelle-Figeac	*Château Grand-Corbin-d'Espagne*
Château Grand-Corbin-Pécresse	*Château Grand-Mayne*
Château Grand-Pontet	*Château Grandes-Murailles*
Château Guadet-Saint-Julien	*Château Haut-Corbin*
Château Haut-Sarpe	*Château Jean-Faure*
Château La Carte	*Château La Clotte*
Château La Clusière	*Château La Couspaude*
Château La Dominique	*Château Lamarzelle*
Château Laniote	*Château Larcis-Ducasse*
Château Larmande	*Château Laroze*
Château Lasserre	*Château La Tour du Pin-Figeac*
Château La Tour-Figeac	*Château Le Châtelet*
Château Le Couvent	*Château Le Prieuré*
Château Matras	*Château Mauvezin*
Château Moulin-du-Cadet	*Château L'Oratoire*
Château Pavie-Decesse	*Château Pavie-Macquin*
Château Pavillon-Cadet	*Château Petit-Faurie-de-Soutard*

Château Ripeau	*Château Saint-Georges-Côte-Pavie*
Château Sansonnet	*Château Soutard*
Château Tertre-Daugay	*Château Trimoulet*
Château Trois-Moulins	*Château Troplong-Mondot*
Château Villemaurine	*Château Yon-Figeac*

Le moins que l'on puisse dire c'est que dans l'appellation *Saint-Émilion* la tâche du consommateur est loin d'être facilitée, car les Châteaux qui ne sont pas grands crus classés ont la possibilité de devenir grands crus s'ils titrent 11,5 degrés (au lieu de 11 degrés pour l'appellation générique) avant chaptalisation (ce qui est difficilement contrôlable par une simple dégustation) : en somme, grand cru classé ou grand cru, c'est blanc bonnet ou bonnet blanc...

En conclusion, j'ai pris le risque d'établir mon propre classement qui porte sur les quatre grandes aires d'appellations du Bordelais : Haut-Médoc, Graves, Saint-Émilion et Pomerol, cette appellation ayant eu la sagesse de ne pas demander de classement. Pour l'établir, j'ai tenu compte des terroirs, mais surtout de la qualité des vinificateurs actuels. Il a au moins le mérite d'être d'une grande impartialité.

CRUS HORS CLASSE — Communes

Château Latour	Pauillac
Château Pétrus	Pomerol
Château Mouton-Rothschild	Pauillac
Château Ausone	Saint-Émilion
Château Haut-Brion	Graves
Château Margaux	Margaux
Château Lafite-Rothschild	Pauillac
Château Cheval-Blanc	Saint-Émilion

Je n'ai pas été très enthousiasmé par certains millésimes récents du *Château Lafite-Rothschild* que j'ai eu l'occasion de déguster, mais je lui accorde tout de même le cru hors classe vu son terroir.

CRUS EXCEPTIONNELS — Communes

Château-Ducru-Beaucaillou	Saint-Julien
Château Léoville-Lascases	Saint-Julien
Château Palmer	Margaux
Château Trotanoy	Pomerol
Château Magdelaine	Saint-Émilion
Domaine de Chevalier	Graves
Château Figeac	Saint-Émilion
Château Pichon-Longueville-Comtesse-de-Lalande	Pauillac

Portail du Grand Clos du Château Léoville-Lascases

Château Pichon-Longueville-Comtesse-de-Lalande

Château La Lagune	Haut-Médoc
Château Montrose	Saint-Estèphe
Château Lafleur	Pomerol

GRANDS CRUS | Communes

Château La Conseillante	Pomerol
Château L'Évangile	Pomerol
Château Certan-de-May	Pomerol
Château Pavie	Saint-Émilion
Château Belair	Saint-Émilion
Château Pichon-Longueville-Baron	Pauillac
Château Vieux-Certan	Pomerol
Château Léoville-Poyferre	Saint-Julien
Château Cos-d'Estournel	Saint-Estèphe
Chateau Gruaud-Larose	Saint-Julien
Château La Mission-Haut-Brion	Graves
Château Haut-Bailly	Graves
Château Grand-Puy-Lacoste	Pauillac
Château Haut-Batailley	Pauillac
Château Lynch-Bages	Pauillac

CRUS SUPÉRIEURS | Communes

Château Giscours	Margaux
Château Calon-Ségur	Saint-Estèphe
Château Lascombes	Margaux
Château Beychevelle	Saint-Julien
Château Clerc-Milon	Pauillac
Château Malescot-Saint-Exupéry	Margaux
Château L'Arrosée	Saint-Émilion
Château La Dominique	Saint-Émilion
Château Larcis-Ducasse	Saint-Émilion
Chateau Beauséjour (Duffau-Lagarrosse)	Saint-Émilion
Château Malartic-Lagravière	Graves
Château La Fleur-Pétrus	Pomerol

BONS CRUS | Communes

Château Saint-Pierre-Sevaistre	Saint-Julien
Château Mouton-Baronne-Philippe	Pauillac
Château Branaire-Ducru	Saint-Julien
Château d'Issan	Haut-Médoc
Château La Tour-Pomerol	Pomerol

Clos L'Église	Pomerol
Château Croque-Michotte	Saint-Émilion
Château Talbot	Saint-Julien
Château Curé-Bon	Saint-Émilion
Château L'Église-Clinet	Pomerol
Château Chasse-Spleen	Moulis
Château Bel-Air-Marquis-d'Aligre	Margaux
Château De Pez	Saint-Estèphe
Château Gloria	Saint-Julien
Château Poujeaux-Theil	Moulis
Château Canon	Saint-Émilion
Château Fonroque	Saint-Émilion
Château Larmande	Saint-Émilion
Chateau La Grave-Trigant-de-Boisset	Pomerol
Château Bourgneuf-Vayron	Pomerol
Château Lanessan	Haut-Médoc

Dans chacune des cinq catégories, je considère que les Châteaux que j'ai classés sont d'égale valeur quelle que soit la place qu'ils occupent.

Voici également mon classement pour le *Sauternes* et le *Barsac* :

CRUS HORS CLASSE

	Communes
Château d'Yquem	Sauternes

CRUS EXCEPTIONNELS

	Communes
Château Suduiraut	Preignac
Château Doisy-Daëne	Barsac
Château Guiraud	Sauternes
Château Nairac	Barsac

GRANDS CRUS

	Communes
Château Raymond-Lafon	Sauternes
Château Coutet	Barsac
Château Broustet	Barsac
Château de Fargues	Fargues

LES MEILLEURS CRUS BOURGEOIS

Bien qu'oubliés dans la classification de 1855, certains Châteaux classés « crus bourgeois » supérieur, grand ou exceptionnel (les superlatifs ne manquent pas dans cette catégorie...) méritent une mention particulière :

— *Château de Pez* : Toujours admirablement bien vinifié, ce *Saint-Estèphe* est certainement le numéro un de cette catégorie.

— *Château Gloria* : De très nombreuses parcelles, astucieusement récupérées par son propriétaire M. Martin, font du *Château Gloria* un très bon *Saint-Julien*. Malheureusement, ses prix sont en conséquence, car le propriétaire tient son vin en haute estime.

— *Château Bel-Air-Marquis-d'Aligre* : Vinifié par un sage, M. Boyer, ce *Margaux* ne déçoit que rarement.

— *Château Chasse-Spleen* : Occupant un excellent terroir à Moulis, il semble retrouver un bon niveau.

— *Château Sociando-Mallet* : Jean Gautreau, qui est un perfectionniste, a réussi à force de sacrifices (sélection des vieilles vignes, élevage en grande partie sous fûts neufs, pas de filtrage) à hisser son vin au niveau des meilleurs crus bourgeois.

— *Château Beaumont* : Les vins de ce Château de la commune de Cussac sont actuellement au plus haut niveau.

— *Château La Fleur-Milon* : Son propriétaire, M. Gimenez, qui est un personnage haut en couleurs, a réussi à acquérir plusieurs parcelles sur le plateau de Milon, encastré dans les *Châteaux Mouton-Rothschild* et *Lafite-Rothschild*.

— *Château Cissac* : Minutieusement vinifié par M. Viallard, il se situe parmi les bons crus bourgeois.

— *Château Maucaillou* : Admirablement vinifié par l'aimable M. Dourthe, qui est à la fois un sage et un passionné.

— *Château Poujeaux-Theil* : M. Theil, récemment disparu, avait fait de son vin l'un des grands du Médoc. Il fut d'ailleurs servi sous plusieurs septennats à l'Élysée. Reste à espérer que ses fils continuent à exploiter au mieux ce magnifique terroir du plateau de Moulis.

— *Château Fourcas-Dupré* : M. Guy Pages a réussi à faire de son domaine de 42 ha le meilleur *Listrac*, sans aucun doute.

— *Château Lanessan* : Sur la commune de Cussac, vinifié par M. Bouteiller, il constitue une valeur sûre dans les bourgeois.

— *Château d'Agassac* : Vinification bien suivie de ce presque voisin de *La Lagune*, toujours d'un haut niveau.

Les crus bourgeois ne sont pas que dans le Haut-Médoc. Il y a également quatre Châteaux du Médoc qui méritent une mention particulière :

— *Château La Tour-de-By* : Situé sur un remarquable terroir et toujours bien vinifié. Superficie de 62 ha à Bégadan.

— *Château Patache-d'Aux* : Situé lui aussi à Bégadan, sur des terres un peu plus lourdes, il reste cependant un *Médoc* recherché, où, dans son encépagement, le cabernet sauvignon domine.

— *Château Potensac :* Propriété de M. Delon, de *Château Léoville-Lascases,* il est toujours vinifié avec beaucoup de soin et a, de plus, l'avantage de vieillir dans des barriques d'un vin du grand domaine de Saint-Julien.

— *Château La Tour-Haut-Caussan :* Cette propriété appartient à un passionné, qui n'a malheureusement pas encore les moyens financiers nécessaires pour obtenir des barriques neuves comme il le souhaiterait, mais il faut tout de même goûter ce cru bien vinifié par Philippe Courrian.

LES APPELLATIONS D'ORIGINE CONTROLEE

Avec un vignoble d'environ 76 000 ha, soit plus de deux fois la superficie de la Bourgogne viticole (y compris le Beaujolais), la région bordelaise ne compte que 39 appellations d'origine contrôlée (79 en Bourgogne), qui sont respectivement :

— *Barsac*	11-9-36	Blanc liquoreux
— *Blaye*	11-9-36	Blanc et rouge
— *Bordeaux*	14-11-36	Blanc, rouge et rosé
— *Bordeaux supérieur*	14-10-43	Blanc et rouge
Pour ces deux appellations, certaines communes peuvent ajouter le nom de *Haut-Benauge* ou *Côtes-de-Castillon*		
— *Bordeaux mousseux*	28-3-62	Blanc et rosé
— *Bourg*	14-5-41	Blanc
— *Bourg*	11-9-36	Rouge
— *Cadillac*	10-8-73	Blanc liquoreux
— *Canon-Fronsac*	1-7-39	Rouge
— *Cérons*	11-9-36	Blanc liquoreux
— *Côtes-de-Blaye*	11-9-36	Blanc
— *Côtes-de-Bordeaux-Saint-Macaire*	31-7-37	Blanc
— *Entre-Deux-Mers*	31-7-37	Blanc
— *Fronsac*	4-3-37	Rouge
— *Graves*	4-3-37	Blanc et rouge
— *Graves supérieur*	4-3-37	Blanc
— *Graves-de-Vayres*	31-7-37	Blanc et rouge
— *Haut-Médoc*	14-11-36	Rouge
— *Lalande-de-Pomerol*	8-12-36	Rouge
— *Listrac*	8-6-57	Rouge
— *Loupiac*	11-9-36	Blanc liquoreux
— *Lussac-Saint-Émilion*	14-11-36	Rouge

— *Margaux*	10-8-54	Rouge
— *Médoc*	14-11-36	Rouge
— *Montagne-Saint-Émilion*	14-11-36	Rouge
— *Moulis*	14-5-38	Rouge
— *Néac*	8-12-36	Rouge
— *Parsac-Saint-Émilion*	14-11-36	Rouge
— *Pauillac*	14-11-36	Rouge
— *Pomerol*	8-12-36	Rouge
— *Premières Côtes-de-Blaye*	11-9-36	Blanc et rouge
— *Premières Côtes-de-Bordeaux* (peuvent être suivies du nom de la commune)	10-8-73	Blanc et rouge
— *Puisseguin-Saint-Émilion*	14-11-36	Rouge
— *Sainte-Croix-du-Mont*	11-9-36	Blanc liquoreux
— *Saint-Émilion*	14-11-36	Rouge
— *Saint-Estèphe*	11-9-36	Rouge
— *Saint-Foy-Bordeaux*	31-7-37	Blanc et rouge
— *Saint-Georges-Saint-Émilion*	14-11-36	Rouge
— *Saint-Julien*	14-11-36	Rouge
— *Sauternes*	11-9-36	Blanc liquoreux

ENCEPAGEMENT

CÉPAGES ROUGES

— *MERLOT* : C'est l'un des cépages les plus cultivés en France, puisqu'il occupe la quatrième place, avec environ 28 000 ha en production. Dans le Bordelais, il est apparu pour la première fois aux environs des années 1750 dans la région de Saint-Émilion.

Le merlot est un cépage précoce qui débourre très tôt et craint les gelées printanières. Lors de la floraison, il est sujet à la coulure. Il est également sensible à la pourriture grise, ce qui oblige à le vendanger rapidement, car il craint les brouillards et les pluies d'automne. Très productif, il peut donner jusqu'à 80 hectolitres par hectare. Les vins issus du merlot présentent la particularité d'être assez alcooliques et prêts plus rapidement à la consommation. Par contre, au vieillissement, leur bouquet s'estompe et ils manquent de corps et de tenue.

Le merlot constitue la base de l'encépagement des *Saint-Émilion, Pomerol, Lalande-de-Pomerol, Néac* et des *Côtes-de-Fronsac,* où les sols lui conviennent particulièrement. Dans le Haut-Médoc, il tend malheureusement à prendre de plus en plus d'importance au détriment du cabernet sauvignon. Il faut dire qu'à bien des égards, il constitue une dangereuse tentation pour les producteurs ; ce qui explique en partie la très nette baisse de certains Châteaux pourtant fort bien classés en 1855.

— *CABERNET FRANC* : Ce cépage, avec 15 000 ha en production, vient au septième rang des plants français. Il faut dire qu'une grande partie est plantée dans la Loire, puisqu'il constitue la base des vins de Chinon, Bourgueil, Saint-Nicolas-de-Bourgueil et Saumur-Champigny. C'est aussi lui qui s'impose à Bergerac. Associé au tannat, il apporte la souplesse au *Madiran*.

Le cabernet franc débourre tardivement, ce qui lui évite les risques des gelées, et il ne craint pas la coulure. C'est un cépage vigoureux, peu difficile sur le choix des sols ; il s'accommode aussi bien des graves légères que des terres fortes, calcaires et argileuses.

Le cabernet franc donne un vin titrant toujours de 10 à 12 degrés, qui se fait plus vite que celui issu du cabernet sauvignon. Il est surtout implanté à Saint-Émilion et à Pomerol, en complément du merlot.

— *MALBEC* : Environ 11 000 ha en plantation placent le malbec au dixième rang des cépages français. On le trouve en Touraine, sous le nom de cot, et dans le Sud-Ouest à Cahors où il se nomme auxerrois. En Gironde, ses places fortes sont situées dans le Blayais, le Fronsadais, certaines communes des Graves et à Pauillac. Dans le Haut-Médoc, il a dû céder beaucoup de terrain au merlot.

C'est un cépage précoce, surtout planté ici dans des terrains que ne favorisent pas la maturité, c'est-à-dire sur des pentes exposées au nord ou au couchant. Il s'accommode des sols frais assez profonds, surtout des terres argileuses, mais n'affectionne guère les graves. Cépage très vigoureux, il a la particularité de donner des raisins sur des pousses issues du vieux bois, alors que la vigne, on le sait, ne donne généralement des fruits que par les bourgeons naissant sur le bois de l'année.

La forte productivité du malbec, qui donne des vins colorés et riches en tannin, fait qu'il est très recherché dans les régions de Bordeaux où l'on produit des vins de table. Dans les sols légers, il manque de corps ; c'est pourquoi il est souvent vinifié en rosé.

— *CABERNET SAUVIGNON* : Environ 10 000 ha, pratiquement tous en Bordelais (Haut-Médoc et Graves), font de lui le roi des cépages rouges. Le cabernet sauvignon, peu productif, est le cépage type des terrains maigres et secs. Il donne des vins très durs dans leur jeunesse, par conséquent de longue garde, qui acquièrent avec les années du corps, de la saveur, de la souplesse, une grande finesse et des parfums de violette pure, qui font ainsi la distinction des grands *Médoc* et des *Graves*.

— On trouve encore un peu de carmenère et aussi du petit verdot.

CÉPAGES BLANCS

— *SAUVIGNON* : Ce cépage, un des plus vieux en France, occupe environ 10 000 ha du vignoble français, ce qui le place en quatrième position pour les blancs. Chaptal écrivait en 1801 : « Ce cépage a été plus connu dans le vignoble de France qu'il ne l'est aujourd'hui. Du fait qu'il produisait peu, on l'avait négligé. » De nos jours, le sauvignon est mieux cultivé qu'au trefois et on obtient maintenant des rendements corrects. Il est surtout planté en Bordelais dans les Graves et en Sauternais, où, associé au sémillon, il apporte un fruité très particulier. En revanche, sa plantation tend à se développer dans les autres zones de la région qui produisent des vins blancs, où il est recherché pour son parfum. Outre Bordeaux, le sauvignon a son véritable royaume dans le Cher et dans le Berry, où il est le seul cépage des *Sancerre* et *Pouilly fumé.*

— SEMILLON : Avec un peu plus de 40 000 ha, dont 70 pour cent en Gironde, ce cépage est le plus cultivé en France après l'ugni blanc. Le sémillon est un cépage vigoureux, très productif, qui, les années humides, craint cependant la pourriture grise. En Gironde, il est très implanté dans le Sauternais, les Graves, Cérons, Sainte-Croix-du-Mont et l'Entre-Deux-Mers. Le sémillon est très recherché dans le Sauternais, car ses raisins ont une excellente aptitude à prendre l'agent de la pourriture noble : le *botrytis cinerea.* Il donne des moûts très riches en sucre et peu acides, qui font que, lorsqu'il est vinifié seul, ses vins ont un caractère bien défini, sont d'une grande finesse, mais manquent quelquefois de fraîcheur.

— On trouve encore un peu de muscadelle (qui apporte un parfum très intéressant, lorsque son pourcentage est limité). Dans les petites appellations : *Bordeaux, Bordeaux supérieur, Entre-Deux-Mers* et *Côtes-de-Blaye,* certains cépages annexes (limités, selon les A.O.C., entre 10 et 30 pour cent) sont également autorisés : merlot blanc, folle blanche, colombard, pinot de la Loire, frontignan, mauzac, ondenc, saint-émilion des Charentes et ugni blanc.

VINIFICATION

VINS ROUGES

En Bordelais, la vinification est traditionnelle. L'égrappage total est pour ainsi dire pratiqué dans tous les Châteaux, sauf dans quelques appellations *Bordeaux,* où l'on veut à tort faire des *Bordeaux* primeurs par la vinification en macération carbonique.

Après avoir été égrappés, les grains de raisins sont mis à fermenter dans des cuves fermées (il y a juste une trappe permettant l'évacuation du gaz carbonique), où ils resteront, selon le vinificateur et le type de l'année, de dix à quinze jours avec de très sévères contrôles des températures. Beaucoup de Châteaux du Bordelais — tels *Latour* et *Haut-Brion* — font leur fermentation dans des cuves en inox équipées d'un système de refroidissement par eau glacée, suintant le long des parois, dont le déclenchement se fait automatiquement dès que la température dépasse 32 degrés.

Lors du décuvage, la partie solide (le chapeau de la fermentation) est pressée, mais, dans le Médoc, il est assez dangereux, pour ne pas durcir les vins déjà

Château Lafite-Rothschild

Portail du Château Latour

très tanniques, d'assembler le vin de goutte (jus obtenu lors de la fermentation) et le vin de presse. Certains œnologues conseillent au viticulteur de garder des vins de presse pour aider à tanniser le vin des années suivantes, dans le cas où celui-ci manquerait de tannin. Cette opération s'appelle avoir une banque de « presse ». Pour ma part, je crois que c'est une erreur, car ce mélange ne donne jamais rien de positif, déséquilibre les vins en les durcissant et en les séchant.

Les vins sont ensuite mis en barriques ; les grands Châteaux et quelques deuxièmes crus utilisent une majorité de fûts neufs, qui apportent un complément de tannin au vin. Cette opération est très coûteuse car, outre le prix des barriques neuves, celles-ci consomment environ 10 litres de vin (absorbés par le chêne).

Les vins font ensuite leur fermentation malo-lactique, puis ils sont soutirés tous les trois ou quatre mois. Enfin, au bout d'un an, selon la tradition bordelaise, les barriques sont mises bondes sur le côté, ce qui évite l'ouillage. Les vins continuent cependant à être soutirés encore deux ou trois fois avant la mise en bouteilles.

Je pense qu'il n'est pas utile de parler des vinifications en macération carbonique ou semi-carbonique, car, heureusement, elles sont encore peu pratiquées en Bordelais.

VINS BLANCS

Pour les vins blancs secs : *Graves, Entre-Deux-Mers, Côtes-de-Blaye*, etc., les raisins sitôt cueillis sont pressés rapidement, afin d'éviter toute oxydation, puis sont mis en cuves ou en barriques, où ils vont faire — à basse température — leur fermentation alcoolique, après laquelle ils seront rapidement mutés au SO^2, pour éviter qu'ils ne fassent leur fermentation secondaire : la malolactique, qui n'est pas recherchée, contrairement à ce qui se pratique en Bourgogne.

Dans l'Entre-Deux-Mers, pour obtenir des vins plus aromatiques, certains blancs sont vinifiés en macération carbonique. Le système est le suivant : les raisins sitôt cueillis sans être égrappés sont placés dans des grandes cuves remplies de gaz carbonique et y séjournent pendant une huitaine de jours. Placés en anaérobiose, ils subissent une fermentation intracellulaire de nature enzymatique. A la décuvaison, les raisins sont pressés et le vin est placé dans des cuves sous azote, où ils gardent tous les arômes acquis par cette vinification particulière.

Les grands liquoreux : *Sauternes, Barsac, Sainte-Croix-du-Mont* et *Loupiac*, sont théoriquement vendangés à plusieurs reprises par des équipes spécialisées, qui ne prélèvent que les grains atteints de pourriture noble, par le champignon *botrytis cinerea*. Malheureusement, depuis qu'on a autorisé en Gironde la chaptalisation, la plupart des viticulteurs vendangent plus tôt et ajoutent du sucre. En revanche, chez les plus sérieux, tels les *Châteaux d'Yquem, Nairac, Doisy-Daëne, Loubens*, etc., les vendangeurs passent dans la vigne de quatre à six fois, jusqu'à onze fois, pour le *Château d'Yquem*, car plus on presse, meilleur est le jus. Exemples :

— une première pressée : 80 pour cent de jus, 18 degrés d'alcool potentiel ;

— deuxième pressée : 15 pour

cent de jus, 20 degrés d'alcool potentiel ;
— troisième pressée : 5 pour cent de jus, 24 degrés d'alcool potentiel.

Les moûts sont ensuite placés en barriques pour terminer leur fermentation alcoolique. Là non plus, pas de malo-lactique. Il y a deux façons de l'empêcher : un sulfitage (souvent trop important) ou des soutirages répétés, beaucoup plus bénéfiques au vin puisqu'il ne s'agit que d'une opération mécanique.

VINS ROSÉS

Comme pour toutes les autres régions de France où l'on produit du rosé, deux systèmes de vinification peuvent être pratiqués :
— le rosé de presse (le plus couramment employé en Bordelais), qui consiste à presser les raisins et à les vinifier comme un vin blanc ;
— le rosé de saignée (qui donne des vins plus colorés) où la cuvaison s'effectue comme pour un vin rouge. Au bout d'une dizaine d'heures, le vin de goutte est prélevé en bas de la cuve.

VINS MOUSSEUX

Ils peuvent être blancs ou rosés. La vinification est la même que celle pratiquée en Champagne. Les vins subissent une adjonction de liqueur de tirage et font une seconde fermentation en bouteilles, avec remuage, qui doit être effectué à l'intérieur de l'aire géographique de production de l'appellation *Bordeaux.*

CONTENANCE
DES BOUTEILLES ET FUTAILLES

CAPACITÉ DES BOUTEILLES	
Demi-bouteille	37,5 cl.
Bouteillle	75 cl.
Magnum (2 bouteilles)	150 cl.
Double magnum (4 bouteilles)	300 cl.
Jéroboam (6 bouteilles)	450 cl.
Impériale (8 bouteilles)	600 cl.
CAPACITÉ DES FUTAILLES	
Demi-barrique	112,5 l
Barrique	225 l
Tonneau	900 l

(Il n'existe pas de tonneau de 900 litres. C'est une mesure fictive, servant d'unité marchande, pour indiquer la production d'un Château, ou utilisée comme volume de transaction entre le Château et le négoce. Elle correspond à quatre barriques.)

COMMERCIALISATION

Dans le Bordelais, la commercialisation se fait d'une tout autre façon que dans les autres régions d'A.O.C.

La vente à la propriété — sauf dans certains secteurs comme celui de l'*Entre-Deux-Mers,* des *Premières Côtes-de-Bordeaux* ou des *Côtes-de-Blaye* — est encore très timide. Il existe aussi quelques caves coopératives, même dans le Médoc, qui vendent directement au particulier. Mais 90 pour cent de la vente des vins du Bordelais se fait par l'entremise du négoce qui achète aux Châteaux les vins en primeurs.

La vente en primeur est une pratique couramment utilisée dans le Bordelais. Chaque année, les courtiers (presque toujours spécialisés pour une région) vont déguster dans les châteaux, prennent des échantillons et font des propositions au négoce. Lorsque les accords sont conclus, ceux-ci versent un tiers aux propriétaires, un tiers trois mois plus tard et le reste en général un an après. Les vins sont élevés, vieillis et mis en bouteilles aux Châteaux. Avant cette dernière opération, le négoce précise à son vendeur le nombre de bouteilles, de demi-bouteilles, de magnums, de jéroboams ou d'impériales qu'il souhaite obtenir.

Par ailleurs, le négoce, en fonction des achats qu'il a effectués, fait des propositions de vente en primeurs à sa clientèle d'importateurs, de restaurateurs et de particuliers. Contrairement aux autres régions d'A.O.C., il faut donc en Bordelais, sauf lorsque l'on s'adresse à des négociants ayant l'exclusivité d'un Château, ne pas se montrer systématiquement fidèle pour ses achats, mais au contraire comparer attentivement les prix proposés par différents négoces, car il se peut que dans un certain Château, du fait de l'astuce et de la rapidité d'un courtier, un négoce soit très bien placé vis-à-vis de ses confrères sur lesquels il peut être désavantagé pour les mêmes raisons dans un autre Château.

De toute façon, il est impossible d'acquérir en direct la majorité des crus classés qui sont liés par contrat avec le négoce, ce qui est compréhensible vu les volumes dont ils disposent. Aucun propriétaire ne souhaite — et on le comprend — faire une concurrence déloyale au négoce par le canal d'une vente directe.

LES GRANDES CRISES DU BORDELAIS

Sans remonter à l'an 1575, où le roi Charles IX, s'inspirant de l'empereur Domitien en l'an 92, ordonna l'arrachage de la moitié du vignoble bordelais, avec interdiction de plantations nouvelles, et en passant sur les crises viticoles dues à la Révolution et à l'Empire, plus près de nous, en 1869 exactement, le Bordelais eut à subir, comme l'ensemble du vignoble français, sa plus grave crise : l'apparition du phylloxera.

De 1930 à 1934, comme l'ensemble de notre vignoble, Bordeaux — bien qu'ayant réussi des millésimes de grande qualité — connut la misère, engendrée par la mévente.

Enfin, plus récemment, en 1972, les Américains ayant stoppé leurs importations, les cours des vins du Bordelais du millésime 1973, pourtant fort bon mais malheureusement trop important, chutèrent d'une façon catastrophique. Dans cette crise, de nombreux négociants, qui avaient donné leur parole pour d'importants achats, ne purent faire face et les faillites se succédèrent à un rythme effréné.

Actuellement, tout semble rentré dans l'ordre, mais c'est une région où la stabilité est difficile à maintenir, le négoce ayant pour habitude *la spéculation.* Il n'est pas rare que des vins changent de cours et de mains, sans avoir quitté une seule fois les chais où ils sont entreposés. Après la crise de 1972, certains vins exportés en Angleterre furent réimportés en France et vendus par le canal du négoce bordelais, aussi bien à la restauration que dans les salles des ventes. Malheureusement pour les acheteurs de l'époque, beaucoup de ces précieuses bouteilles n'avaient pas toujours été entreposées dans de bonnes conditions. C'est le consommateur qui en fait aujourd'hui les frais.

QUELQUES CONSEILS POUR BIEN ACHETER

— Surtout, éviter les caveaux de dégustation et les vignerons qui font du racolage à l'aide de panneaux publicitaires.

— Lorsqu'on arrive dans un village viticole sans avoir d'adresses, ne pas hésiter à se renseigner auprès du curé ou même parfois auprès des gendarmes (bien que ce ne soit pas dans leurs attributions), car ce sont des gens intègres qui connaissent toutes les caves et savent en général boire son. En effet, un autochtone — s'il n'est pas vigneron lui-même — risque de vous envoyer chez l'un de ses proches parents ou tout simplement de ne pas vous aiguiller sur le bon vinificateur avec lequel, « pour des querelles de clocher », il n'est pas forcément en bons termes.

— Attacher une grande importance à la propreté de la cave et du matériel vinaire (futailles, pipette, etc.). Un bon vinificateur est toujours soigneux. Il est bien connu qu'il faut beaucoup d'eau pour faire du bon vin !

— Essayer d'interroger habilement le vigneron, pour savoir depuis combien de temps il fait de la bouteille. C'est un domaine où il faut beaucoup d'expérience. Éviter celui qui travaille au coup par coup :

vente au négoce en gros, mise en bouteilles occasionnelle à la propriété lorsque le commerce de gros est mauvais.

— Acheter de préférence les petits crus dans les grands millésimes et les grands crus dans les petits.

— N'attacher aucune importance aux publicités tapageuses des clubs de vente par correspondance, même lorsque ceux-ci sont cautionnés par des grands chefs. Le prix des vins est revalorisé par rapport au budget publicitaire et ce n'est pas vous qui feriez la bonne affaire.

— Pour les achats dans les foires-expositions, méfiance ! Les vendeurs sont, dans la plupart des cas, des bonimenteurs qui ne connaissent absolument pas le vin et le vendent à des prix démentiels ; ce qui est un peu compréhensible, vu le prix de location des stands.

— Éviter les achats de vins dans les grandes surfaces. Les bouteilles sont exposées debout à la lumière, quelquefois pendant plusieurs semaines.

— Faire de préférence confiance à un caviste, qui pratique encore des mises en bouteilles. C'est en général un bon professionnel.

LES VINS SPECULATIFS

Le Bordelais est la seule région viticole de France où l'on peut réaliser, si l'on est astucieux, de substantiels bénéfices en procédant à des achats en primeurs dans les bons millésimes de quelques Châteaux qui, dans les dix ans qui suivent, doublent leur prix.

Ces reventes peuvent avoir lieu soit par le canal des salles des ventes en contactant un expert spécialisé (il en existe deux ou trois très connus à Paris tels qu'Alex de Clouet et Maratier), soit en s'adressant à des cabinets de courtage experts en la matière sur la place de Bordeaux.

Le bénéfice réalisé (non imposable à titre de particulier) peut permettre d'acheter en primeurs dans les grands millésimes quelques crus bourgeois ou des Châteaux moins cotés, qui constitueront l'ossature d'une cave de départ.

Sont particulièrement spéculatifs :
— *Château Latour*
— *Château Pétrus*
— *Château Lafite-Rothschild*
— *Château Margaux*
— *Château Haut-Brion*
— *Château Ausone*
— *Château Palmer*
— *Château Ducru-Beaucaillou*
— *Château Figeac*
— *Château d'Yquem*

Également spéculatifs, mais à un moindre degré :
— *Château Mouton-Rothschild*
— *Château Cheval-Blanc*
— *Château Léoville-Lascases*
— *Château La Lagune*
— *Château Beychevelle*
— *Château Grand-Puy-Lacoste*
— *Château Pavie*
— *Château Vieux-Certan*
— *Château L'Évangile*
— *Château Pichon-Longueville-Comtesse-de-Lalande*
— *Montrose*

LES VINS INTROUVABLES

Il y a dans le Bordelais quelques vins que l'on peut qualifier de pièces de collection, tant ils sont introuvables. C'est notamment le cas, pour les vins rouges, des Châteaux suivants :

— *Château Pétrus :* Superficie du vignoble, 11,43 ha. Exportation, environ 75 pour cent. Le reste est réparti entre quelques privilégiés...

— *Château Trotanoy :* Superficie, 7, 16 ha. Exportation, environ 75 pour cent de la production. Le reste de ce vin, qui est sans doute le plus grand Pomerol après Pétrus (quelquefois son égal), est lui aussi vendu à quelques privilégiés...

— *Château Lafleur :* Un peu plus de 4 ha. Lui non plus ne court pas les rues... et pourtant quel grand vin !

— *Château Magdelaine :* Environ 65 pour cent d'exportation. Rares (deux ou trois) sont les négociants qui l'ont à leur tarif.

— *Château Palmer :* Environ 40 ha. Outre une très forte exportation, ses copropriétaires, qui sont négociants, se gardent le monopole de la vente ; ce qui leur permet de ne pas gaspiller les prix...

Trois vins blancs des Graves sont vraiment introuvables :

— *Château Haut-Brion :* La superficie du vignoble blanc est minuscule ; la production, d'environ 4 000 bouteilles pour le monde entier, dont le propriétaire se réserve la moitié pour son usage personnel.

— *Domaine de Chevalier :* Le plus grand des Graves blancs. Superficie, 2 ha. Production, environ 7 000 bouteilles, que son propriétaire M. Ricard ne veut jamais vendre très tôt, car il ne souhaite pas que son vin soit bu jeune. Comme il a raison !

— *Château Malartic-Lagravière :* Là encore, à peine 2 ha de blanc, produisant de 7 000 à 8 000 bouteilles, donc difficiles à dénicher.

SECONDS VINS

La grande majorité des crus classés a pour habitude de commercialiser sous une étiquette différente ce que l'on a coutume d'appeler dans le Bordelais le « second vin ». Il s'agit, en l'occurrence, des vins produits par des vignes jeunes ou de petites cuvées. Cela n'exclut pas pour autant que certains d'entre eux soient de très bonne qualité et commercialisés à un prix beaucoup plus compétitif. Il suffit, pour connaître ces cuvées, de téléphoner ou d'écrire dans les grands Châteaux qui sont à même de communiquer le nom de leur deuxième marque. En voici néanmoins quelques-uns, à titre indicatif :

- *Château Latour*
  Les Forts-de-Latour
  ou *Pauillac*
- *Château Margaux*
  Pavillon-Rouge
- *Château Léoville-Lascases*
  Clos du Marquis
- *Château Pichon-Longueville-*
  Comtesse-de-Lalande
  Réserve-de-la-Comtesse-
  De L.
- *Château Ducru-Beaucaillou*
  Clos la Croix
- *Château La Lagune*
  Château Ludon-Pomies-
  Agassac
- *Château Gloria*
  Château Haut-Beychevelle-
  Gloria

En ce qui concerne le Château d'Yquem, je tiens à préciser, contrairement à l'idée que s'en fait le public, que le Grand Y n'est pas un second vin. On réalise celui-ci les années où la fleur du cépage sémillon est mal passée, pour limiter le pourcentage de jus de sauvignon, qui marquerait trop le Château d'Yquem. Dans le Grand Y, il y a en réalité 50 pour cent de jus de sauvignon et 50 pour cent de jus de sémillon.

VALEUR DES DERNIERS MILLESIMES

Comme pour tous les vignobles de France, chaque nouveau millésime est passé au stéthoscope par les journalistes gastronomiques, dits « spécialisés »... Ils sont d'ailleurs un peu la cause indirecte du droit de chaptalisation accordé maintenant chaque année dans le département de la Gironde, où il était auparavant interdit et autorisé seulement certaines années sur demande, car, pour les vignerons, demander le droit de chaptaliser équivalait pour les journalistes à écrire que c'était une mauvaise année. Maintenant, le sucrage étant autorisé tous les ans, on ne court plus le risque de voir descendre un millésime. En toute objectivité, je dois reconnaître que dans l'ensemble les Bordelais sont beaucoup moins chauvins que les Bourguignons et, s'ils s'enthousiasment sur un grand millésime, ils reconnaissent volontiers les petites années.

Dans le Bordelais, plus que dans toute autre région, les petites cartes établies pour donner la valeur des millésimes n'ont que très peu de valeur, ce qui est facilement compréhensible vu l'étendue de ce vignoble, les conditions météorologiques étant souvent totalement différentes à Saint-Émilion ou Pomerol et dans le Médoc ou les Graves. L'estuaire de la Gironde, la Garonne ou la Dordogne jouent des rôles prépondérants et inverses, qui influencent les microclimats... Quoi qu'il en soit, voici à peu près la physionomie que reflètent les millésimes du Bordelais depuis 1945 :

1945 : Très bonne année. Vins rouges corsés et bouquetés. Actuellement, encore magnifiques.
Vins blancs liquoreux séveux et raceux, bien équilibrés. Grand millésime.

1946 : Vendanges assez tardives. Vins passés depuis longtemps.

1947 : Très grande année. Vins rouges complets, corsés et équilibrés.
Vins blancs liquoreux, riches en alcool et en sucre, encore magnifiques actuellement.

1948 : Bonne année pour les rouges, qui ont malheureusement souffert pour leur renommée du voisinage des millésimes 1947 et 1949.
Vins blancs liquoreux agréables, mais de moins grande garde.

1949 : Vendange fin septembre. Très grand millésime, s'apparentant au 1947.
Vins blancs liquoreux, avec de la race et de la finesse.

1950 : Récolte très abondante, cependant de qualité dans les rouges, dont certains tiennent encore.
Vins blancs et racés.

1951 : Vendanges très tardives. Petite année tant dans les rouges que dans les blancs, actuellement passés.

1952 : Assez bon millésime. Quelques vins rouges sont encore valables à ce jour. Les liquoreux ont tenu le coup.

1953 : Récolte moyenne. Vins rouges bien réussis, dont certains ne sont pas encore sur le déclin, *Château Margaux* étant la plus belle réussite.
Vins blancs liquoreux distingués et bouquetés.

1954 : Vendanges au cours de la première semaine d'octobre. Vins rouges et blancs complètement lessivés.

1955 : Récolte abondante et de qualité. Vins rouges harmonieux, souples et bouquetés. Liquoreux : grand millésime, comparable aux 1945 et 1953.

1956 : Vignoble ravagé par l'une des plus grandes gelées qu'ait connues le Bordelais. Peu de vin, tant dans les blancs que dans les rouges, et de qualité médiocre.

1957 : Récolte très faible, en raison des séquelles laissées par les gelées de 1956. Quelques vins rouges ne sont toutefois pas encore passés.

1958 : Très grosses gelées au printemps. Récolte réduite de vins légers et moyens.

1959 : Encore une petite récolte, mais un grand millésime. Les vins rouges, semble-t-il, commencent cependant à passer.
Vins blancs liquoreux très puissants et bien équilibrés, comparables au 1949.

1960 : Récolte abondante, mais vins sans aucun caractère, depuis longtemps sur le déclin, tant en blancs qu'en rouges.

1961 : Récolte peu abondante, mais vins magnifiques, complets et équilibrés, dignes d'un des meilleurs millésimes du siècle. Actuellement, sur le marché, ils valent un prix d'or.
Vins blancs liquoreux d'un très grand millésime.

1962 : Récolte la plus abondante de la décennie. Dans l'ensemble, bon millésime tant en blanc qu'en rouge.

1963 : Grosse récolte, mais vins extrêmement médiocres.

1964 : Dans le Médoc, beaucoup d'irrégularités, le tout étant de connaître les Châteaux qui ont vendangé avant les pluies. A Saint-Émilion et Pomerol, quelques bonnes réussites.

Aucun Sauternes digne de ce nom.

1965 : Très mauvaise année, tant en rouge qu'en blanc. Vins maigres et sans caractère.

— 1966 : Excellent millésime dans les vins rouges.
Beaucoup d'échecs dans les *Sauternes* et *Barsac*.

1967 : Assez belle récolte. Vins rouges légers, qui demandent maintenant à être bus. Très bon millésime dans les liquoreux. On en parlera longtemps.

1968 : Mauvaise année, tant en blanc qu'en rouge.

1969 : Année légère, déjà sur le déclin. Les liquoreux sont également de modeste qualité.

— 1970 : Excellent millésime, tant en rouge qu'en blanc. Vins de garde.

1971 : Année chaude, où beaucoup de raisins ont été récoltés en surmaturité, ce qui enlève toute possibilité de vieillissement.
Quelques bonnes réussites dans le Sauternais.

1972 : Année catastrophique, dont on ne parle plus.

1973 : Année d'abondance. Vins agréables et sans défauts, dont certains ne sont pas encore tombés.

1974 : La plupart des vendanges ont eu lieu sous la pluie, donc année très moyenne sauf pour les Graves.

— 1975 : Année assez exceptionnelle, sans doute l'un des quatre ou cinq meilleurs millésimes depuis le début du siècle, surtout dans les rouges.

1976 : Année extrêmement chaude, du style 1947 pour les conditions climatiques. Les vins rouges sont très agréables, mais n'auront pas un long vieillissement. Le Sauternais n'a pas été particulièrement favorisé pour la pourriture noble.

1977 : Très mauvaises conditions climatiques. Passage de la fleur difficile et pluies peu avant les vendanges. Vins ayant, dans l'ensemble, beaucoup d'acidité.

1978 : Bon millésime, certainement de garde, surtout dans les rouges. Vins équilibrés, colorés et puissants.

1979 : Année d'abondance, style 1973. Bon millésime dans les rouges, surtout à Saint-Émilion et à Pomerol.
Toutes les conditions ayant été requises pour le *botrytis cinerea*, *Sauternes* de garde.

1980 : Année moyenne pour les rouges, millésime sans doute supérieur à 1977.

— 1981 : Très bon millésime, qu'on pourrait presque qualifier de grand, en tout cas le meilleur après 1970 et 1975, surtout dans la région de Saint-Émilion et de Pomerol, où il a manqué très peu d'éléments pour en faire un des millésimes du siècle. Les cours assez démentiels proposés pour les « primeurs » sont là pour démontrer sa valeur.

Antérieurement à 1945, voici les plus grands millésimes depuis 1900 :

Vins rouges : 1900 - 1904 - 1920 - 1924 - 1928 - 1929 - 1934 - 1937.

Vins blancs liquoreux : 1900 - 1904 - 1906 - 1914 - 1916 - 1921 - 1924 - 1926 - 1928 - 1929 - 1934 - 1937 - 1943.

QUELQUES TRES BONS FOURNISSEURS

MÉDOC

Château La Tour-de-By, 33340, Bégadan-Médoc, Tél. (56) 41-50-03.
Un des meilleurs terroirs du Médoc. Vins fruités et élégants.
Château Patache-d'Aux, 33340, Bégadan-Médoc. Tél. (56) 41-50-18.
Très bon accueil et vins dignes d'intérêt.
Château La Tour-Haut-Caussan, Blaignan, 33340, Lesparre-Médoc. Tél. (56) 41-04-77.
Un perfectionniste, qui mérite une visite.

HAUT-MÉDOC

Château Sociando-Mallet-à-Saint-Seurin-de-Cadourne, 33250, Pauillac. Tél. (56) 59-31-49.
L'un des meilleurs crus bourgeois.
Château de Cissac à Cissac, 33340, Lesparre-Médoc, Tél. (56) 59-58-39.
Vinifié avec beaucoup de soins par M. Vialard.
Château Lanessan à Cussac-Fort-Médoc, 33460, Margaux. Tél. (56) 58-91-69.
Vins de garde.
Château Fourcas-Dupré, 33480, Listrac-Médoc. Tél. (56) 58-21-07.
Le meilleur Listrac.
Château Terrey-Gros-Cailloux à Saint-Julien-Beychevelle, 33250, Pauillac. Tél. (56) 59-06-27.
Mériterait d'être au moins cru bourgeois.
Château Montrose à Saint-Estèphe, 33250, Pauillac. Tél. (56) 59-30-12.
Vins de longue garde. Sans doute le meilleur de Saint-Estèphe.

GRAVES

Ets Pierre Coste, 8 rue de la Poste, 33210, Langon. Tél. (56) 63-50-52
Spécialisé dans les petits *Bordeaux* et les petits *Graves,* il sait mieux choisir que quiconque.

SAINT-ÉMILION

Château Larmande, 33330, Saint-Émilion. Tél. (56) 24-71-41.
Un cru classé, qui mériterait d'être mieux connu.

FRONSAC

Château de la Rivière à La Rivière, 33145, Saint-Michel-de-Fronsac. Tél. (56) 24-98-01.
Dans d'immenses caves, M. Borie laisse vieillir ses vins de garde.

POMEROL

Château La Violette, 33500, Pomerol. Tél. (56) 51-24-82.
Très bon cru de l'appellation.

LALANDE-DE-POMEROL

Château Tournefeuille à Néac, 33500, Libourne. Tél. (56) 51-18-61.
L'un des deux meilleurs crus de l'appellation.

SAUTERNES

Château Suduiraut à Preignac, 33210, Langon. Tél. (56) 63-27-29.
L'un des grands Sauternes, digne de ce nom.
Château Doisy-Daëne à Barsac, 33720 Podensac. Tél. (56) 27-15-84.
L'un des plus grands Barsac.

Château Nairac, 33940, Barsac. Tél. (56) 27-16-16.

Vinifié avec amour et passion par son propriétaire qui est anglais.

Château Raymond-Lafon à Sauternes, 33210, Langon. Tél. (56) 63-21-02.

Propriétaire, M. Meslier, qui est en même temps directeur de *Château d'Yquem.* Il apporte les mêmes soins à la vinification de son vin.

GRAVES

Château Magence, SICA Les Vignobles de Bordeaux à Saint-Pierre-de-Mons, 33210. Langon. Té. (56) 63-19-34.

Vins bien réussis tant en blanc qu'en rouge, les premiers étant cependant plus attractifs.

ENTRE-DEUX-MERS

Château Turcaud à La Sauve-Majeur, 33670, Créon. Tél. (56) 23-04-41.

Très bon *Entre-Deux-Mers* et aussi *Bordeaux* rouge honorable vinifiés par M. Robert.

SAINTE-CROIX-DU-MONT

Château Loubens à Sainte-Croix-du-Mont, 33410, Cadillac. Tél. (56) 63-19-13.

De merveilleux vins liquoreux, qui peuvent aisément rivaliser avec beaucoup de *Sauternes,* même des seconds crus, et qui sont élevés avec amour à l'intérieur de vieilles caves creusées dans des bancs d'huîtres fossilisés.

LOUPIAC

Château Loupiac-Gaudiet à Loupiac, 33190, La Réole. Tél. (56) 27-13-05.

Le meilleur vin de l'appellation.

CÉRONS

Grand-Enclos du *Château de Cérons,* à Cérons 33720, Podensac. Tél. (56) 27-11-74

Le meilleur Cérons vinifié par deux frères unis dans l'esprit de la qualité.

Toutes ces propriétés commercialisent en direct.

QUELQUES BONNES CAVES OU S'APPROVISIONNER

— Besse Jean-Baptiste, 48 rue de la Montagne-Sainte-Geneviève, 75005 Paris. Tél. 325-35-80. Dans un désordre indescriptible, le plus vieux caviste de Paris saura vous extraire quelques flacons de derrière les fagots.

— Cave des Gobelins, 56 avenue des Gobelins, 75013 Paris. Tél. 331-66-79. Assez beau choix de *Bordeaux* sélectionnés par Bernard Merlet.

— Ma Cave, 105 rue de Belleville, 75019 Paris. Tél. 208-62-95 Quelques petits *Bordeaux* bien choisis, mais aussi des bons crus dans de grands millésimes.

— Caves de la Madeleine, 25 rue Royale (Cité Berryer), 75008 Paris. Tél. 265-92-40. Steven Spurrier : cet Anglais est l'un des meilleurs dégustateurs et de surcroît un grand caviste.

Château Mouton-Rothschild

Château Haut-Brion

— Caves Saint-Avoye, 10 rue Rambuteau, 75003 Paris. Tél. 272-99-78. Petit magasin du Marais, où une gentille caviste saura vous conseiller.

— Caves du Château, 9 place Hoche, 78000 Versailles. Tél. 950-02-49. Etabli depuis près de 40 ans, M. Peyrot, qui fait beaucoup de mises en bouteilles, est un homme de bon conseil, assez écouté des bons restaurateurs des Yvelines et des Hauts-de-Seine.

— Chemin des Vignes, 113 bis avenue de Verdun, 92130 Issy-les-Moulineaux. Tél. 638-11-66. Dans d'immenses anciennes carrières d'où l'on extrayait le blanc de Meudon, le fils de Lucien Legrand, Yves, vous fera bénéficier de l'expérience acquise aux côtés de son père.

— François Clerc, 18, rue de Poissy, 78100 Saint-Germain-en-Laye. Tél. (3) 415-17-29. Une collection extraordinaire des plus grands vins de Bourgogne et de Bordeaux avec des millésimes qui laissent rêveur : 1921, 1928, 1933, 1945, 1949, etc., et aussi d'excellents petits *Bordeaux* à 50 F maximum.

— Épicerie de Longueil, 28 avenue de Longueil, 78600 Maisons-Laffitte. Tél. (3) 962-00-50. Dans une splendide cave, qui laisse l'œnophile rêveur, très grande collection de *Bordeaux* et surtout un choix exceptionnel dans les vieux *Sauternes*.

— Caves du Val d'or, 11 rue des Pinsons, 94000 Créteil. Tél. 207-18-56. Quelques très bons *Bordeaux* et aussi toute une série d'articles de cave, notamment des fûts en location.

— Le Pressoir, 79000 Niort. Patrice Vauthier, ami de quelques propriétaires du Bordelais, a su mettre à profit ses connaissances pour acheter.

— Le Pressoir, 16000 Angoulême. Gérald Viallefont fait ses achats avec Patrice Vauthier, ce qui est une bonne note.

— Caves Tissandier, Arcades de la Préfecture, 10 boulevard Desaix, 63000 Clermont-Ferrand. Tél. (73) 35-39-97. J'ai rencontré ce professionnel à plusieurs reprises lors de visites chez les vignerons, ce qui est une bonne note.

— Le Fief de Vigne, 13 rue Marceau, 44000 Nantes. Tél. (40) 47-58-75. J'ai eu l'occasion de découvrir M. Dubreuil lors d'un passage commun à la télévision dans l'émission de Michel Pollac « Droit de réponse ». Il semble que ce soit un battant.

— La Vinothèque, 8 cours du 30-Juillet, 33000 Bordeaux. Tél. 52-32-05. Large choix de tous les vins du Bordelais dans de bons millésimes, à des prix qui ne semblent pas spécialement prohibitifs.

— Rullan, 118 rue Nationale, 59000 Lille. Tél. (20) 57-10-64. Très beau choix de Bordeaux dans toutes les gammes.

— Ronghetto, 17 rue Saint-Jacques, 38000 Grenoble. Tél. (76) 44-43-71. Belle gamme de Bordeaux allant des appellations génériques aux grands crus.

Je citerai en dernier le plus récent :

— La Galerie des Vins, 201 rue Saint-Honoré, 75001 Paris. Tél. 261-81-20. Cave prestigieuse. Galerie sur trois niveaux : au rez-de-chaussée, le magasin, au premier étage, le *wine-bar* où l'on peut déguster quelques plats et des grands vins au verre, au sous-sol, conservation des stocks et exposition de millésimes rares. Il faut dire que les achats sont conseillés par Alex de Clouet qui fait autorité dans pratiquement toutes les ventes aux enchères parisiennes.

CE QU'IL FAUT ENCORE SAVOIR SUR LE BORDELAIS

— L'étiquette d'un Château, si célèbre soit-il, ne constitue pas une garantie pour le consommateur. C'est seulement une marque déposée. Seule est garantie l'appellation du cru : *Pauillac, Saint-Julien, Sauternes,* etc. Bien entendu, le propriétaire d'un Château sérieux, du fait qu'il engage son nom, essaiera de faire en sorte que sa bouteille soit digne de le porter. Dans beaucoup de cas, devant la demande souvent supérieure à la production, des Châteaux agrandissent leur domaine en acquérant des parcelles de qualité moyenne et vendent le tout en se parant du prestige d'un cru qui fut classé à une autre époque.

— La mise en bouteilles au château constitue pour l'acheteur la garantie que le vin a bien été mis à la propriété, mais malheureusement pas toujours dans de très bonnes conditions. Car certains Châteaux font appel à des embouteilleurs à façon du type de ceux qui opèrent dans le Beaujolais et qui, trop souvent, compte tenu de l'investissement de leur camion-embouteilleur, sont tentés de travailler très vite dans des conditions pas toujours bonnes, matraquant un peu le vin avec des filtrages excessifs, etc.

— Si l'apport du bois donne une structure tannique pour la garde des grands vins, il faut que la futaille, sans être changée tous les ans, soit au moins renouvelée partiellement tous les quatre ou cinq ans, car les vieilles barriques n'ont plus de tannin à communiquer aux vins et sont plutôt des nids à bactéries. La barrique, c'est le contraire de la pipe : plus elle est culottée, moins bonne elle est !

— Contrairement à la Bourgogne, pour le profane, une visite en Bordelais ne sera jamais très constructive, sauf le plaisir d'admirer de magnifiques propriétés aux chais impressionnants. Vous n'aurez en effet aucun mal à refuser une dégustation : on ne vous en proposera pratiquement jamais, si vous n'êtes pas un professionnel. De plus, dans une région aussi vaste, le fait de s'aventurer au hasard ne laisse qu'une faible chance de dénicher un bon vinificateur.

— Les découvertes les plus intéressantes à des prix compétitifs seront, sans aucun doute, à faire dans les vignobles où les viticulteurs ne connaissent pas la notoriété, tels que ceux des Côtes de Castillon, du Bourgeais, du Blayais, du Fronsac, du Lalande-de-Pomerol, des Premières Côtes de Bordeaux, des Graves de Vayres, de Sainte-Croix-du-Mont et de Loupiac.

— Il est bon de savoir qu'aux environs des années 1760 il n'y avait guère que quatre grands Châteaux dans le Bordelais : *Château Haut-Brion* (Graves), propriété de M. de Pontac, *Château Margaux* et les seigneuries de *Latour* et de *Lafite,* appartenant toutes deux à M. de Ségur. Ils étaient les seuls à produire des vins de grande qualité, mais en partie grâce aux Anglais, car c'est à Londres — où l'on recevait le vin en barriques — que l'on avait pris l'habitude de mettre en bouteilles et de faire vieillir systématiquement les grands vins rouges de Bordeaux. C'est le négoce anglais, par l'intermédiaire de ses correspondants, qui fit connaître aux négociants bordelais les divers procédés d'élevage du vin, de mise en bouteilles et de vieillissement, contribuant ainsi largement à la haute qualité des grands vins de la Gironde.

— La qualité des vieux millésimes, même dans les meilleurs Châteaux, peut être quelquefois très inégale, car, antérieurement à 1955, on ne procédait pas à l'égalisage (technique consistant à l'assemblage des cuvées). Il se peut donc, d'une bouteille à l'autre, qu'il y ait des écarts de qualité.

— Il faut savoir que le *Mouton-Cadet* est un assemblage de *Bordeaux supérieurs,* de très bonne qualité, mais qu'il ne faut surtout pas confondre (bien qu'il s'agisse du même propriétaire) avec le *Château Mouton-Rothschild,* erreur pourtant fréquemment commise par le grand public et même par beaucoup de restaurateurs, ce qui me semble impardonnable pour des professionnels.

— On commence, dans le Bordelais — et pas seulement en Entre-Deux-Mers mais également en Haut-Médoc —, à voir évoluer les machines à vendanger. Ce n'est pas encourageant pour l'avenir de la qualité, qui a déjà tendance à régresser.

IL EST BON
DE CONNAITRE CES ADRESSES

— Conseil interprofessionnel des vins de Bordeaux, 1 cours du 30-Juillet, Bordeaux. Tél. (56) 52-82-82.

Ce Conseil a pour objet de traiter tous les problèmes concernant les vins de Bordeaux. On y donne des conférences sur les vins. Il édite de nombreuses publications, qu'il tient à la disposition du public.

— Académie du vin de Bordeaux, 1 cours du 30-Juillet, Bordeaux. Tél. (56) 44-45-60.

Créée en 1948, elle a pour but de faire mieux connaître et apprécier le vin de Bordeaux. Elle est composée de 40 membres professionnels et non professionnels et de membres étrangers. Elle édite annuellement, en français et en plusieurs langues étrangères (notamment anglais et allemand), un code des millésimes, qui est diffusé par ses soins.

— Union des crus de la Gironde classés en 1855, 1 cours du 30-Juillet, Bordeaux. Tél. (56) 44-45-60.

Cette Union groupe, en son sein, la majorité des crus classés en 1855.

LE FAMEUX MARCHE COMMUN

Le développement du Marché commun et les fameuses réglementations de Bruxelles sont loin d'avoir constitué un avantage pour les vignobles d'appellations contrôlées du terroir français. Toutes les réglementations établies par les technocrates de Bruxelles sont, en quelque sorte, une source d'entraves à la qualité de nos grands vins.

Ces bureaucrates ont établi une réglementation extrêmement compliquée pour la catégorie de vins qu'ils dénomment : V.Q.P.R.D. (vins de qualité produits dans une région déterminée). Le Marché commun s'appuie sur le droit germanique où tout ce qui n'est pas autorisé est interdit, alors qu'avant la législation française s'était inspirée du droit latin où tout ce qui n'est pas interdit est autorisé... Il y a là une nuance...

D'un trait de plume, ces messieurs les hauts fonctionnaires ont décidé que la contenance des bouteilles ne serait plus de 73 cl mais de 75 cl. Or, sur un vignoble comme celui du Bordelais qui produit en appellations d'origine contrôlée environ 3 millions d'hectolitres, cela se chiffre pour les exploitants à plus de 10 millions de bouteilles offertes.

Prenons un exemple : pour un premier cru classé, le *Château Latour* qui produit environ 225 tonneaux, soit 202 500 litres, la différence entre des bouteilles de 0,73 cl et des bouteilles de 0,75 cl est de 7 400 : au prix de 200 F la bouteille qui est à peu près celui pratiqué par ce premier cru, cela représente une perte d'environ 1 500 000 F. Avec de tels procédés, il n'est pas étonnant que le prix des grands vins ait toujours une tendance à l'augmentation !

Il faut également ajouter que la législation sur nos appellations d'origine contrôlée, vu leur diversité, était forcément très complexe. Lorsqu'on songe à la multiplicité des climats bourguignons, on reste effaré de la paperasserie à laquelle vont être astreints les viticulteurs français.

LE SERVICE DU VIN

Les vins blancs secs de Bordeaux, du type *Entre-Deux-Mers, Côtes-de-Blaye* ou *Graves*, doivent être servis entre 8 et 10 degrés. Le meilleur moyen de les mettre à température reste le seau à glace.

Les grands *Sauternes, Barsac, Cérons, Sainte-Croix-du-Mont* ou *Loupiac* méritent une température plus fraîche : de 5 à 8 degrés. Bien entendu, un grand *Sauternes* d'un millésime réputé peut se boire entre 8 et 10 degrés, pour ne pas détruire la multiplicité de ses parfums.

Les *Bordeaux rouges* génériques ou les petites appellations telles que *Premières Côtes-de-Bordeaux* ou *Côtes-de-Blaye* demanderont à être servis de 13 à 15 degrés.

Les grandes appellations, lorsqu'il s'agira de vins jeunes, pourront être servis jusqu'à 18 degrés.

Un vieux vin, *Médoc, Graves, Saint-Émilion* ou *Pomerol,* pourra supporter jusqu'à 20 degrés de température, mais jamais plus, car cela détruirait tous les parfums.

Reste le fameux problème de la décantation, qui est toujours épineux et pour lequel prendre une décision demande une très grande connaissance du vin que l'on s'apprête à déguster.

Il est évident qu'un *Bordeaux* jeune, encore dur et tannique, exige d'être décanté. Il est un peu dans la situation d'un enfant enfermé dans un appartement et heureux de s'ébattre lorsqu'on le lâche dans la nature ! Pour un vin vieux, le problème est loin d'être aussi évident. Certains méritent une décantation plusieurs heures à l'avance, d'autres au bout d'une heure commencent à s'éteindre. Il en est pour le vin comme des vieillards, une trop longue promenade à l'air use et fatigue.

J'ai eu récemment l'occasion de déguster deux premiers crus de millésimes exceptionnels, décantés tous deux plusieurs heures à l'avance :

— *Château Lafite-Rothschild* 1947 : vin tout en finesse, dont la décantation prolongée avait altéré le bouquet et détruit une grande partie des parfums ; je dirais même, à la limite, qu'il commençait à avoir une pointe d'oxydation.

— *Château Latour* 1949 : encore très dur, tannique et complètement fermé. Il n'a commencé à s'ouvrir que lorsque nous l'avons terminé une dizaine d'heures plus tard, lors du dîner.

Pour décanter un vin, il faut si possible le monter avec beaucoup de précautions de la cave lorsqu'il n'est pas trop vieux, en laissant la bouteille droite. Pour un vieux millésime, coucher la bouteille avec respect dans le panier verseur, en la laissant dans la position exacte où elle était dans le casier (on peut marquer, avant de la déplacer, le côté du dépôt avec une craie), puis couper soigneusement la capsule en dessous de la bague de la bouteille ; déboucher avec beaucoup de précautions, en évitant de forcer au départ sur le bouchon qui risquerait de s'enfoncer ou de se casser ; avec un linge très propre et fin, essuyer soigneusement l'intérieur et l'extérieur du goulot, afin qu'aucune odeur étrangère ne vienne souiller le goût du vin. Pour la décantation, utiliser de préférence une jolie carafe en cristal ou en verre blanc ou une aiguière, allumer une bougie, prendre la carafe de la main gauche et décanter lentement en présentant le goulot de la bouteille au-dessus de la flamme — non pas pour la chauffer, comme certains le pensent à tort, mais pour éclairer le transvasement, de façon à pouvoir l'interrompre lorsqu'on arrive au dépôt.

Il n'est pas contre-indiqué de viner la carafe avec du *Bordeaux* avant l'opération et l'on peut, s'il s'agit d'un très vieux vin dont l'équilibre est fragile, mettre au préalable dans le fond de la carafe un ou deux centilitres d'un *Porto* de très grande qualité, qui aura pour effet de donner un coup de fouet au vieillard !

Il est évident que plus le format de la bouteille sera important, meilleur sera le contenu. Un grand *Bordeaux* conservé en magnum, jéroboam ou impériale vieillira beaucoup plus lentement qu'en bouteille, ce qui est compréhensible, car le volume d'air entre le bouchon et le vin est sensiblement égal, d'où une oxydation beaucoup plus ménagée.

L'ASSOCIATION DES METS ET DES VINS

L'accord des vins et des mets est un problème extrêmement complexe, qui n'a pas encore été vraiment résolu.

Bien sûr, un maître de maison avisé veillera à ce que les plats et les vins qu'il offre à ses convives exaltent mutuellement leurs qualités. Mais il n'est pas sûr, même lorsqu'il s'agit d'un grand professionnel, qu'il réalise les mariages parfaits.

Je crois que la première règle à observer consiste à choisir un plat en fonction du vin que l'on souhaite boire. Il existe des règles qu'il ne faut pas transgresser, quoi qu'en pensent certains chroniqueurs gastronomiques en mal de sensationnel : un vin rouge, même servi frais, n'a jamais été conçu pour escorter des fruits de mer (le tannin se mélange très mal avec l'iode) ou un poisson.

L'accord des mets et des vins reste avant tout une question de goût personnel. Il est quelquefois amusant de tenter des expériences, qui peuvent être décevantes, mais aussi pleines de charme et inattendues.

Il existe plus des vins de saison que des vins spécifiques à une préparation. Il est indéniable qu'en été, on souhaite boire des vins légers et frais alors qu'en hiver un vin corsé et puissant sera le bienvenu.

La gastronomie bordelaise comprend, entre autres richesses :

— les petites huîtres gravettes (bien qu'elles soient menacées par la pollution) du bassin d'Arcachon qui, servies comme c'est la règle dans la région, accompagnées de petites saucisses grillées, feront merveille escortées d'un *Entre-Deux-Mers* ou d'un *Graves* blanc ;

— le caviar de la Gironde (il en existe encore !), qui devra être servi avec un grand *Graves* blanc, style *Domaine de Chevalier* ou *Malartic-Lagravière* ;

— le foie gras des Landes qui, froid ou chaud, ne saurait être meilleur qu'accompagné par un *Sauternes* ou un *Barsac* ;

— l'entrecôte bordelaise, qui ne demandera qu'un *Bordeaux* corsé et vineux, style *Côte-de-Bourg* ou *Premières-Côtes-de-Bordeaux* ;

— le gigot d'agneau qui, surtout s'il est de Pauillac (et cela devient rare), mérite un *Pauillac* ou un *Saint-Julien* ;

— la lamproie à la bordelaise, encore meilleure rehaussée par un *Graves* rouge ;

— les cèpes à la bordelaise, qui demandent un *Fronsac*.

Avec le gibier à plume, je conseillerai un vin délicat du Haut-Médoc, style *Margaux* ou *Saint-Julien*, cependant qu'un vin puissant (un grand cru de *Saint-Émilion* ou un *Pomerol* d'un bon millésime) me semble l'accompagnement idéal du gibier à poil.

Quant aux fromages, les Bordelais savent qu'ils ne doivent pas être forts. Ils ont pris l'habitude de consommer des fromages de Hollande ; cela vient de l'époque où les Hollandais, qui disposaient de la plus grande flotte (environ 15 000 navires), transportaient le vin de Bordeaux dans le monde entier : en commerçants avisés, au départ, ils remplissaient leurs soutes de fromages. C'est ainsi que les Bordelais firent la connaissance du fromage de Hollande ! Pour le roquefort, le compagnon idéal reste le *Sauternes*.

Puisque nous en sommes à évoquer le *Sauternes*, il est bon de savoir qu'il peut accompagner tout un repas. Pour cela, il faut commencer à l'apéritif avec un vin jeune peu corsé qui peut escorter le premier plat (un poisson à la crème par exemple) ; puis, sur la volaille, le foie gras (traditionnellement, il termine le repas), le roquefort et le dessert, continuer par un grand millésime plus corsé. Vous ferez ainsi un merveilleux repas original et vous contribuerez au renouveau de cet extraordinaire vin liquoreux qui n'a pas de rival au monde.

De toute façon, au cours d'un repas — s'il est familial —, deux vins suffiront : un blanc et un rouge léger. Dans un repas de fête, on peut servir jusqu'à quatre vins, mais c'est un maximum, en n'oubliant pas que les blancs doivent être servis avant les rouges et que le vin léger passera toujours avant le vin corsé sans tenir compte des années, car il se peut qu'un vin jeune ayant une très forte personnalité soit servi après un vin vieux tout en finesse, mais manquant un peu de corps.

VOCABULAIRE DU VIN

Acerbe : Vin qui a de l'âpreté.

Acescence : Maladie du vin qui consiste en une transformation de l'alcool en acide acétique.

Amaigri : Vin qui a perdu certaines de ses qualités, telles que le corps et la chair.

Ampleur : Vin qui possède de la chair et une bonne constitution.

Arôme : L'arôme correspond à ce que certains appellent le fruit, ou bouquet primaire. L'arôme s'atténue avec l'âge.

Assemblage : Opération qui consiste à mélanger plusieurs cuvées d'un même cru.

Austère : Vin qui manque de moelleux. On dit aussi que c'est un vin sévère.

Battu : Vin fatigué par un voyage ou une mise en bouteilles récente. On dit aussi qu'il est mâché.

Boisé : Goût communiqué par un trop long séjour en fût.

Bouchonné : Vin qui a pris le goût de bouchon, en raison d'un liège de mauvaise qualité.

Bouquet : Odeur franche et agréable d'un vin, qui peut se décomposer en trois sensations olfactives différentes :
1) le bouquet primaire : il désigne l'arôme du fruit, spécifique du cépage ;
2) le bouquet secondaire : il est apporté par les levures en cours de fermentation ;
3) le bouquet tertiaire : il se développe au contact de l'air pendant le vieillissement en fût et s'épanouit à l'abri de l'air pendant le vieillissement en bouteille.

Bouteille (maladie de la) : Lorsque les vins viennent d'être mis en bouteilles, ils sont fatigués par le filtrage et mettent environ deux à trois mois pour s'habituer à leur nouveau logement.

Capiteux : Vin riche en principes spiritueux.

Cassé : On dit qu'un vin est cassé lorsqu'il s'oxyde au contact de l'air (casse oxydasique).

Chambrer : Placer un vin dans la pièce où il doit être dégusté quelques heures avant, pour qu'il prenne la température ambiante.

Chantier : Poutre qui, dans les chais, surélève d'une vingtaine de centimètres les futailles. Synonyme : tin.

Chapeau : Masse formée au sommet d'une cuve par les raisins rouges qui fermentent.

Chaptalisation : Opération ayant pour but de corriger le degré alcoolique des vins par un apport de sucre lors des fermentations (17 g par litre donnent un degré aux vins blancs, 18 g un degré aux vins rouges, compte tenu de la perte lors de la fermentation). La chaptalisation est tout à fait légale. Elle permet d'arrondir certains vins. En revanche, lorsqu'elle est excessive, elle déséquilibre totalement le produit, car le fait d'apporter un excès d'alcool n'améliore pas le vin ; c'est comme si l'on voulait donner des muscles à un squelette.

Charnu : Se dit d'un vin qui a de la chair et de la consistance.

Charpente : Vin robuste et de bonne constitution.

Commun : Vin de terroir quelconque, ou issu de mauvais cépages.

Complet : Vin ayant un très bon équilibre entre l'alcool et l'acidité.

Corps : Vin riche en alcool, mais qui peut manquer de chair.

Corsé : Se dit d'un vin qui a du corps et de la consistance.

Couleuse : Bouteille dont le bouchon poreux ou en mauvais état (pincement par le groupe embouteilleur) a laissé suinter du vin, provoquant une « chambre à air » (niveau bas), d'où oxydation.

Coup de nez : Expression utilisée pour dire qu'un vin a du bouquet et de l'arôme. On dit aussi d'un vin qu'il a un très joli nez.

Court : Se dit d'un vin qui ne laisse rien au palais après la dégustation, lorsque son goût s'estompe rapidement.

Cru : Au sens étymologique du mot, le cru est le produit en nature d'une terre. Par extension, en matière viticole, ce terme désigne l'aire de production d'un vin déterminé.

Décharné : Vin vieux qui a perdu la plus grande partie de son moelleux et de ses parties constitutives. On dit qu'il a « séché ».

Délicat : Se dit d'un vin où aucun des éléments qui le composent ne domine les autres.

Distingué : Se caractérise par de la finesse et de la délicatesse.

Droit de goût : Se dit d'un vin qui est agréable à la dégustation. On dit aussi qu'il est franc et net.

Dur : Vin qui a une saveur résistante, qui manque de souplesse et de gras. On emploie aussi le mot tannique.

Écoulage : Premier soutirage du vin rouge de la cuve en fermentation à une futaille.

Élégant : Fin et distingué.

Équilibre : Vin dans lequel il existe une véritable harmonie entre tous les éléments qui le composent : acidité, alcool, etc.

Fatigué : Vin qui est mâché, après un voyage, un soutirage ou une mise en bouteilles.

Fruité : Vin qui rappelle au palais le goût du raisin frais. On dit aussi qu'il est bouqueté.

Générique : Désigne un vin qui est commercialisé sans autre nom que son appellation ou sa région d'origine. Exemple : Bordeaux ou Bordeaux supérieur.

Goût de grêle : Vignoble grêlé peu avant les vendanges. Le raisin meurtri communique au vin un goût de sec.

Goût de plaque : Vin filtré trop sévèrement sur des plaques quelquefois mal rincées.

Goutte : Moût qui coule de la vendange, avant pressurage.

Gras : Terme appliqué surtout aux vins blancs liquoreux.

Léger : Contraire de corsé.

Loyal : Vin loyal et marchand, c'est-à-dire qui ne présente pas de vices cachés.

Mâche : Vin consistant, charnu, remplissant bien la bouche.

Mâché : Vin fatigué, qui a souvent du mal à s'en remettre.

Madérisation : Vin qui prend une teinte brunâtre et un goût peu agréable proche du madère.

Maigre : Vin qui n'a ni chair ni onctuosité. Il est mince.

Médecin : Vin possédant une qualité qui manque à un autre vin, auquel on l'unit pour l'améliorer ou, éventuellement, en faire disparaître les défauts.

Mercaptan (odeur d'hydrogène sulfuré) : Cela peut venir d'un soufrage tartif de la vigne. Le raisin, au cours de la fermentation alcoolique, se trouve en milieu très réducteur et forme de l'hydrogène sulfuré ; il se peut aussi qu'en méchant un fût le soufre déposé au fond, en présence du vin nouveau (encore chargé de gaz carbonique), se combine avec celui-ci et forme de l'hydrogène sulfuré. Les anciens appelaient cela : « le goût de merde de poule ».

Moelleux : Vin dont la douceur (le sucre résiduel) est intermédiaire entre un vin sec et un vin liquoreux.

Mou : Se dit d'un vin qui manque d'acidité.

Nerveux : Vin ayant une acidité trop forte.

Œnologie : Science qui traite du vin sous ses aspects biologiques et chimiques.

Œnophile : Personne qui aime et connaît le vin.

Olfactif : Concerne l'odorat.

Organoleptique : Examen auquel s'attache un dégustateur.

Ouillage : Procédé par lequel on remplit un fût chaque semaine avec le même vin, pour compenser l'évaporation.

Oxydation : Sous l'effet de l'air, qui est le plus grand ennemi du vin, une bouteille ouverte quelques heures à l'avance peut madériser.

Pierre à fusil : Goût que trouvent souvent les dégustateurs dans des vins blancs secs. Ils prétendent que cela rappelle l'odeur de l'étincelle produite en frottant deux silex ; pour ma part, cela me laisse perplexe !

Pipette : Instrument en général de verre, qui permet de prélever du vin par la bonde d'une barrique, pour effectuer une dégustation.

Piquant : Vin dans lequel il reste un petit dégagement de gaz carbonique, dû à une mise en bouteilles précoce par temps froid, ou à une fermentation secondaire mal finie. Ne pas confondre avec un vin piqué !

Piqué : Vin qui a de l'acescence.

Plein : Vin charpenté, ample et généreux.

Presse : Vin extrait du pressurage, après le décuvage. Il contient en général des tannins qui ne sont pas toujours bons et ne doit être assemblé qu'en faible pourcentage avec le vin de goutte, pour ne pas le durcir.

Rafle : C'est le bois de la grappe, dont il est le squelette et auquel sont accrochés les grains.

Réacidification : Action de réacidifier pendant les fermentations à l'aide d'acide tartrique (acide organique du vin) pour corriger le taux d'acidité.

Robe : Ce mot s'emploie pour désigner la couleur d'un vin. Elle peut être : intense, dépouillée, légère, brillante, ambrée, rubis, etc.

Sec : Vin blanc qui ne contient plus de sucre fermentescible.

Séché : Vin amaigri. Cela est souvent dû au fait d'un séjour trop prolongé en fût avant la mise en bouteilles.

Soutirage : Opération de transvasement d'une barrique dans une autre, pour séparer le vin de ses lies. Le soutirage peut avoir lieu à l'air ou à l'abri de l'air selon le type de vin ou de l'année.

Suite : Se dit d'un vin qui a une très grande longueur en bouche.

Tartre : Sous l'action du froid, l'un des acides organiques du vin, l'acide tartrique, s'insolubilise et forme des cristaux ou des paillettes au fond de la bouteille (gravelle). Ce n'est pas très agréable, et il faut faire très attention en servant le vin. Pourtant, ce n'est pas un défaut — bien au contraire —, puisque cela enlève de l'acidité. Il ne faut pas croire (comme le pensent les consommateurs et aussi, hélas, beaucoup de restaurateurs) qu'il s'agit d'un excès de sucre.

Terroir : Correspond au caractère particulier d'une parcelle de terrain.

Travaillé : Un vin qui refermente, donc un vin mal vinifié et mis en bouteilles trop tôt sans avoir été analysé. Il est stupide de penser que cela est dû à l'époque de la floraison. Un vin dont les fermentations secondaires (malolactiques) sont terminées ne bouge plus jamais, quelle que soit l'époque de l'année.

Tullé : Vin dont la couleur passe à la pelure d'oignon, par suite de l'âge.

Vineux : Vin présentant un degré convenable et une saveur chaude, que caractérise l'alcool.

QUELQUES TERMES UTILISÉS EN BORDELAIS

Barrique : Nom donné à un fût bordelais. Sa capacité est de 225 litres.

Bontemps : Récipient en bois, où l'on plaçait les blancs d'œufs avant le collage.

Botrytis Cinerea : Champignon agent de la pourriture noble.

Bouillie bordelaise : Mélange proportionné de sulfate de cuivre et de chaux, créé par MM. Millardet et Gayon pour le traitement des vignes. Initialement, dans le vignoble bordelais, on n'en mettait que sur le bout des rangs de vignes, pour empêcher les promeneurs de manger du raisin.

Chai : Lieu réservé dans le Bordelais au placement des barriques pour le vieillissement dans les exploitations viticoles.

Clairet : Vin rouge peu coloré en tannin, en principe rosé à Bordeaux.

Classement : Manie des Bordelais, pour tenter de hiérarchiser leurs Châteaux.

Crème de tête : Nom donné à tort à des **Sauternes,** pour signifier qu'il s'agit de vins issus des meilleurs tris (après l'attaque de la pourriture noble). En réalité, ce terme n'a aucune signification ; ce n'est qu'une astuce commerciale, qui n'est basée sur aucune notion qualitative particulière.

Égalisage : Assemblage des cuvées.

Encarasser : Manipulation par laquelle on range, sur plusieurs hauteurs, les barriques pleines ou vides dans les chais.

Fausset : Petite cheville en bois de noisetier, ordinairement utilisée pour boucher un trou fait dans une barrique à un certain niveau.

Gerbaude : Fête de fin des vendanges. Elle est synonyme de la Paulée en Bourgogne. La Confrérie des gentilshommes de Fronsac célèbre une fête annuelle à cette occasion.

Liquoreux : Vin blanc du type **Sauternes** ou **Barsac,** encore riche en sucres naturels non fermentés.

Maître de chais : C'est l'homme qui a la confiance du propriétaire du Château. Il est responsable du personnel, mais surtout de la vinification.

Millardet : Ce Jurassien, mort à Bordeaux, fut avec M. Gayon le père de la bouillie bordelaise. C'est également à lui qu'on doit en Bordelais la greffe opportune qui permit de rénover le vignoble français après les ravages phylloxériques catastrophiques, grâce à l'emploi du porte-greffes américain.

Mise en bouteilles au château : Signifie que le vin a été mis en bouteilles à la propriété par le vinificateur.

Palus : Terre basse, faite d'alluvions modernes, où la vigne n'est pas toujours plantée dans ses meilleures situations.

Rège : Une rège est constituée par la plantation en alignement d'une certaine quantité de ceps de vignes, à des distances déterminées, selon les usages locaux, loyaux et constants.

Second vin : Dans les grands Châteaux, on appelle ainsi les vins vendus sous une autre étiquette et obtenus par de jeunes vignes ou de petites cuvées.

Séveux : Tandis que le bouquet et l'arôme se détectent immédiatement, la sève ne se perçoit qu'à la fin de la dégustation. Un vin séveux est un grand vin généreux.

LES CONFRERIES VINEUSES

LA JURADE DE SAINT-ÉMILION

Un acte du 8 juillet 1199 de Jean sans Terre confirme les privilèges accordés à la Jurade de Saint-Émilion par son prédécesseur. C'est sans doute l'origine de cette confrérie, qui était chargée des intérêts communaux et des intérêts commerciaux de Saint-Émilion, basés exclusivement sur la qualité des vins de la commune.

Quatre rois de France : Charles VIII, François Ier, Louis XIV et Louis XVIII, en confirmant cette création, lièrent l'organisation historique à la gloire viticole. Les pouvoirs de la Jurade, chargée de l'administration municipale, étaient étendus et s'exerçaient sur 8 paroisses — aujourd'hui des communes — dont le territoire constitue de nos jours, comme il y a huit siècles, l'aire de production des vins bénéficiant de l'appellation Saint-Émilion.

A travers les âges, les jurats déployèrent une activité scrupuleuse et vigilante tant dans le domaine social qu'économique, prenant soin des petites gens, administrant un hôpital, obligeant la noblesse et le clergé à certains impôts et défendant âprement les libertés en matière vinicole. En raison de l'importance du vignoble de Saint-Émilion, les jurats se montrèrent vigilants en faveur de la production du vin fin, en vertu de leurs coutumes et privilèges ; ils détenaient « la marque du vinetier » — marque à feu aux armes de la ville —, proclamaient le ban des vendanges, réglementaient la vente du vin et sévissaient contre les abus et les fraudes.

Le 13 décembre 1948 vit la reconstitution solennelle de la Jurade. Bien que n'ayant plus de pouvoirs administratifs, elle s'efforce de faire revivre les majestueux épisodes du glorieux passé de Saint-Émilion. Plusieurs chapitres ont lieu par an avec intronisations dans l'église monolithe et repas au cloître des cordeliers.

LA COMMANDERIE DU BONTEMPS DU MÉDOC ET DES GRAVES

Cette confrérie vit sa renaissance en 1949. Elle est composée de vignerons, propriétaires des plus grands Châteaux comme de simples bourgeois. Son nom vient du bontemps, écuelle de bois, récipient original dont se servirent les premiers vignerons pour mélanger les blancs d'œufs servant à coller les vins.

LA COMMANDERIE DU SAUTERNES ET BARSAC

Créée en 1959 avec le parrainage de son illustre aîné du Médoc, la Commanderie du bontemps du Sauternes et de Barsac étend sa juridiction sur les communes de Sauternes, Barsac, Bommes, Fargues, Freignac et Langon. Elle groupe en son sein les propriétaires des Châteaux célèbres comme ceux des plus humbles crus, et elle est attachée à servir le prestige des vins de Sauternes. Comme sa consœur du Médoc, elle donne plusieurs chapitres par an, où elle procède à des intronisations dans différents Châteaux de l'appellation.

LA COMMANDERIE DU BONTEMPS DE SAINTE-CROIX-DU-MONT

Cette confrérie fut créée le 7 juillet 1963. Elle a les mêmes rites et le même esprit que ses aînées du Médoc et de Sauternes.

LA CONNÉTABLIE DE GUYENNE

Cette grande confrérie vineuse des vins de Bordeaux a ressuscité le titre, sinon les fonctions, d'une très ancienne institution bordelaise, remontant à l'époque où le duché d'Aquitaine fut rattaché à la couronne de France puis à celle d'Angleterre par les mariages successifs d'Aliénor d'Aquitaine. Le plus ancien connétable dont le nom nous soit connu est Raymond de Thaleyron, comme le prouve un titre de 1273.

Il fallut attendre 1952 pour que soit ressuscitée cette fonction, à l'initiative de Gaston Marchou, auteur d'un livre remarquable sur le Bordelais : **Bordeaux sous le règne de la vigne**.

La juridiction de la Connétablie de Guyenne, limitée d'abord aux régions des Graves, des Premières Côtes-de-Bordeaux et de l'Entre-Deux-Mers, s'est étendue par la suite aux Bourgeais et au Blayais. Chaque année, plusieurs chapitres permettent de recevoir et d'introniser des hôtes venus de tous les pays du monde, en les initiant à la grandeur des vins de Bordeaux, dans la vaste salle des gardes du château des ducs d'Épernon à Cadillac.

LES COMPAGNONS DE BORDEAUX

Cette confrérie de pure tradition bordelaise a repris les pratiques de la fameuse confrérie des Montuzets dont le premier confrère fut le roi Louis XI en visite à Bordeaux. Six chapitres par an, dont plusieurs à l'étranger.

LES HOSPITALIERS DE POMEROL

Cette confrérie a été créée le 24 mars 1968 sous les hospices du Syndicat viticole de Pomerol, pour faire revivre le souvenir d'un hospice célèbre, édifié dans la commune au XIIe siècle par les puissants hospitaliers de Saint-Jean-de-Jérusalem. Son but est de veiller à la bonne observation des usages qui ont valu aux vins de Pomerol leur réputation mondiale. Comme plusieurs confréries bordelaises, celle des Hospitaliers de Pomerol s'est déjà déplacée en France et à l'étranger pour donner des chapitres et porter au loin le renom de l'appellation.

LES GENTILSHOMMES DE FRONSAC

Charlemagne, en libérant l'Aquitaine en l'an 767, foulait le sol de Fronsac et lui donnait pour la première fois sa personnalité. Un peu plus de 12 siècles plus tard, à l'instigation des syndicats viticoles de Canon-Fronsac et des Côtes de Fronsac, cette confrérie a vu le jour. Elle permet de porter haut le flambeau de ce cru.

VISITES INTERESSANTES

— Le Musée du vin au château Mouton-Rothschild à Pauillac. Le baron de Rothschild a réuni une collection prestigieuse d'objets anciens d'une valeur inestimable se rapportant à la vigne et au vin. C'est vraiment un enchantement.
— Musée de la vigne et du vin à Gornac. Ce musée présente un intérêt certain. Il retrace la vie présente et passée des vignerons du Bordelais.
— Musée des vins, Hôtel des vins, 106 rue Abbé-de-l'Épée, 33000 Bordeaux. Ce musée, où l'on peut voir quelques curiosités, est tenu par un caviste qui est également un œnologue.
— Château Lascombes à Margaux. Chaque été, exposition de peintures ayant trait à la vigne et au vin.
— Tous les deux ans, au parc des expositions de Bordeaux, l'impressionnante exposition Vinexpo. La prochaine aura lieu du 13 au 17 juin 1983. Cette manifestation réunit des exposants présentant des vins du monde entier et tous les derniers perfectionnements en matière de matériel agricole et d'embouteillage.

LES BONNES ETAPES GASTRONOMIQUES

Depuis quelques années, la ville de Bordeaux semble être devenue un pôle gastronomique.

J'ai retenu quelques adresses, où j'ai bien bu, en plus ; ce qui n'est pas si courant.

— Restaurant Clavel, 44 rue Charles-Domercq, 33000 Bordeaux. Tél. (56) 92-91-52.
Fermé dimanche soir et lundi. Bien que Michelin et Gault-Millau aient tous deux donné une note supérieure à un autre établissement (d'ailleurs pas la même), je considère que Garcia est de loin le meilleur cuisinier de la région. Sa carte des vins n'est pas prohibitive.

— Dubern, 42 allée de Tourny, 33000 Bordeaux. Tél. (56) 48-03-44.
Fermé dimanche et jours fériés. J'aime cette vieille maison bordelaise, où je n'ai jamais été déçu. Belle carte des vins.

— Tupina, 6 rue Porte-de-la-Monnaie, 33000 Bordeaux. Tél. (56) 91-56-37.
Fermé samedi, dimanche et jours fériés. Minuscule restaurant où l'on mange une cuisine d'imagination, à partir de produits simples, qui ne font pas grimper les additions. Très beau livre de cave, fort bien détaillé.

— Claude Darroze, 95 cours du Général-Leclerc, 33210 Langon. Tél (56) 63-00-48.
Fermé le lundi. Claude Darroze, qui dispose d'une gentille terrasse, calme et bien ombragée par les platanes, est un excellent professionnel, et il maintient ses prix avec de beaux menus. Riche carte des vins.

— L'Étrier, 20 place Decazes, 33500 Libourne. Tél. (56) 51-13-59.
Fermé dimanche soir et lundi. Joli restaurant tout boisé, où Jean-Paul Marion s'affirme à chaque visite. Belle carte des vins, mais prix peut-être un peu élevés.

— Auberge le Savoie, 33460 Margaux. Tél. (56) 58-31-76. Fermé dimanche soir.
Gentille petite auberge. Bon accueil et certainement, dans la simplicité, l'une des meilleures tables du Haut-Médoc.

— La Chaumière, 33160 Saint-Médard-en-Jalles. Tél. (56) 05-07-64.
Fermé dimanche soir et lundi. Petits bungalows de grande tranquillité au milieu des pins. C'est l'endroit idéal pour randonner dans le Médoc. On n'est pas obligé d'y prendre les repas, mais à table est simple et bonne, et l'accueil assez exceptionnel.

INDEX

Barsac	11
Blayais	14
Bourgeais	14
Cérons	10
Côtes-de-Bordeaux-Saint-Macaire	12
Côtes-de-Castillon	21
Cubzaguais	16
Entre-Deux-Mers	13
Fronsadais	16
Graves	10
Graves-de-Vayres	13
Haut-Médoc	8
Listrac	9
Loupiac	12
Lussac-Saint-Émilion	18
Margaux	9
Médoc	8
Montagne Saint-Émilion	18
Moulis	9
Néac Lalande-de-Pomerol	20-21
Parsac-Saint-Émilion	18
Pauillac	8
Pomerol	20
Premières Côtes-de-Bordeaux	12
Puisseguin-Saint-Émilion	18
Sainte-Croix-du-Mont	12
Saint-Émilion	16
Saint-Estèphe	8
Sainte-Foy-Bordeaux	13
Saint-Georges-Saint-Émilion .	18
Saint-Julien	9
Sauternes	11

Achevé d'imprimer sur les presses de Bernard Neyrolles - Imprimerie Lescaret, à Paris, le 21 juillet 1982.

Dépôt légal : 3ᵉ trimestre 1982.   ISBN 2-263-00662-1   Numéro d'éditeur : 993.